연꽃 향기로 오신
묘엄 스님

연꽃 향기로 오신
묘엄 스님

만화로 읽는
한국불교의 큰 스승 묘엄 스님의 삶

글·그림 **배종훈**

감수 **이미령**

등장인물

묘엄 스님 (1931~2011)
태어나서 받은 이름은 '이인순'. 인순은 열네 살이 되던 1945년 봄에 어머니의 편지를 들고 문경 대승사를 찾아갔다. 그곳에는 아버지 청담 스님이 성철 스님과 함께 수행 중이었다. 그곳에서 성철 스님의 권유로 머리를 깎고 '비구니 묘엄'으로 다시 태어났다. 스님은 낮에는 보리동냥, 고추동냥 탁발을 다니면서도 책을 놓지 않았고, 배움이 부족하다 싶은 날에는 밤새워 공부했다. 찌꺼기 촛농을 모아 밝힌 불빛 아래서 밤새워 책을 읽다 보면 동틀 무렵 얼굴과 콧구멍이 새카매지기 일쑤였다.

청담 스님 (1902~1971)
1954년부터 60년대 초까지 이 땅에 들불처럼 타오른 한국불교를 바로 세우자는 뜻이 담긴 '봉암사 결사'를 이끌었으며, 정화종단 초대 총무원장, 종정을 지낸 큰스님이다. 대를 이어야 한다는 집안의 간청으로 딸(묘엄 스님)을 낳은 뒤 독신청정의 계율을 져버린 대가로, 스스로 혹독한 수행의 길을 걸었다. 근현대 한국불교사에 인욕(참을성)과 청빈(검소함)을 대표하는 스님은 "흐르는 개울물도 아껴 쓰라."고 했고, 쓰레기통에 버려진 콩나물대가리를 발견하고 행자에게 "다시 삶아 내 밥상에 올려라."라고 할 정도였다. 묘엄 스님은 청담 스님에게 한 번도 '아버지'라고 불러 본 적은 없지만, 청빈과 인욕 수행의 가르침을 고스란히 받았다.

성철 스님 (1912~1993)
20세기 한국불교를 대표하는 큰스님. 청담 스님과 함께 '부처답게 살자'는 '봉암사 결사'로 새로운 선풍(禪風)을 일으켰다. 출가 3년 만에 깨달음을 얻은 뒤 장좌불와(자리에 눕지 않는 수행) 8년, 동구불출(한 장소를 벗어나지 않고 정진함) 10년 등 평생토록 오직 진리를 위해 모든 것을 버린 수행의 삶을 살았다. "자기를 바로 보라." "남을 위해 기도하라." "일체 중생의 행복을 위해 기도하라."고 이르시던 스님은, 속인으로 이 땅에 태어나서 부처가 되는 길을 걸었다. 성철 스님은 열네 살 소녀에게 '묘엄(묘할 묘(妙), 장엄할 엄(嚴))'이라는 법명을 내려 비구니의 길을 열어주었다. 성철 스님의 엄한 가르침은, 묘엄 스님이 한국 비구니계의 거목으로 자랄 수 있는 토양이 되었다.

자운 스님 (1911~1992)
한국 근현대 불교의 대표적인 율사. 15세 되던 해 어머니와 함께 갔던 오대산 혜운 스님으로부터 "세속의 100년 3만 6천일보다 출가의 반나절이 더 낫다."는 청나라 순치 황제의 출가 시를 듣고 출가를 결심했다. 일제강점기 왜색화된 한국불교를 다시 일으켜 세우기 위해 청정계율을 근간으로 수행하면서 후학을 지도했다. 종단 전계대화상(스님들에게 계를 내리는 최고 책임자)을 역임하며, 승단의 계율을 올바르게 정립하는 등 흐트러진 계단(戒壇)을 정비했다. 현재 우리나라 조계종 스님들이 입고 있는 회색 가사를 최초로 정하기도 했다. 묘엄 스님에게 율학을 가르쳤다.

운허 스님 (1892~1980)
독립운동가이자 한문경전을 한글로 번역하는 데 평생을 바친 큰스님. 일제 강점기 독립운동을 하며 나라가 망한 이유가 인재 부족임을 느끼고, 만주에 흥동학교와 배달학교를 세웠다. 1963년 동국역경원을 설립하고 한글대장경 편찬에 평생을 바쳤다. 스님은 온화하고 부드러운 성품이었지만, 아무리 힘들고 어려워도 약속과 시간을 철저하게 지켰다. 운허 스님 밑에서 묘엄 스님은 투철하게 경전 공부에 매달렸다. 이 모습을 지켜본 운허 스님은 마침내 자신을 대신해 후학을 가르쳐도 좋다는 '전강'을 내렸다.

경봉 스님 (1885~1969)
승병장으로 일본군과 싸우다가 일본에 나라를 빼앗기자 출가하여 스님이 되었다. 하루 3시간만 자면서 경전 공부와 선 수행에 몰두하고, 1922년 강백(불경을 강의하는 승려)이 되어 많은 후학을 길러냈다. 1956년 동학사 주지스님의 청에 따라 동학사에 비구니 불교전문강원을 세웠다. 묘엄 스님이 배움을 청하기 위해 스님을 찾아왔을 때 경을 술술 풀이하자 그 자리에서 제자로 받아들이고 조교수를 맡겼다.

대도 스님 (1914~1997)
묘엄 스님의 어머니. 청담 스님이 출가한 뒤 시어머니를 모시고 어린 딸(묘엄 스님)을 키우며 살았다. 70세 되던 해 묘엄 스님의 권유로 스님이 되었다. 많은 나이에도 불구하고 하루도 빠지지 않고 새벽 2시에 일어나 독경과 참선하며 열심히 수행했다. 이 모습을 보고 봉녕사의 많은 스님들이 대도 스님을 따라서 수행했다.

목차

등장인물 _4
세주묘엄 스님 연보 _215

1
비구 스승들에게
승가 교육을 받다 _9

2
한문과 경전 공부에
매진하다 _19

3
마침내 최초의 비구니
교수가 되다 _35

4
배움에 대한 갈증과
새로운 도전 _43

5
천 년의 터에서
하루를 시작하다 _65

6
새로운 도약을 위해
숨을 고르다 _103

7
새로운 인연을 짓고,
오래된 인연을 풀다 _113

8
작은 극락을
일구는 노력 _171

9
부처의 마음을 담은
사찰 음식과
비구니 율사의 길 _191

10
사라지지 않는
향기가 되어 남다 _207

1

비구 스승들에게
승가 교육을 받다

한국전쟁으로 인해 사람들은 고향을 떠나 피난길에 올랐다.
무엇 하나 안전하고 온전할까. 많은 승려들 역시 남쪽지방으로
떠날 수밖에 없었다.

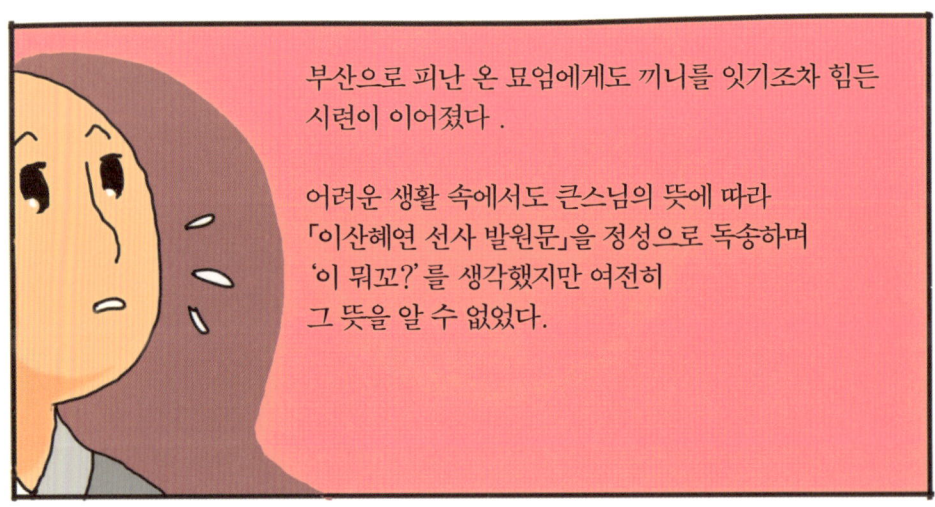

부산으로 피난 온 묘엄에게도 끼니를 잇기조차 힘든
시련이 이어졌다.

어려운 생활 속에서도 큰스님의 뜻에 따라
「이산혜연 선사 발원문」을 정성으로 독송하며
'이 뭐꼬?'를 생각했지만 여전히
그 뜻을 알 수 없었다.

그러던 중 묘엄은 소중한 배움의 인연을 맺게 된다.
통도사 자운 스님에게 율장을 배우게 된 것이다.
보타암에서 묘영, 묘희 스님과 함께 생활하며
통도사까지 먼 거리를 걸어다녔다.

"통도사에 자운 스님이 계신다.
그분에게 율을 배워라."라는
청담 스님의 권유도 있었지만,
묘엄 또한 불경 공부를
더 해야겠다는 생각을 평소에도
늘 갖고 있었다.

사미니는 열 가지 계율을 지키면 된다.
그러나 비구니계를 받으려면 삼백마흔여덟 가지의
계율을 깨우쳐야 되니, 비구니가 된다는 것이 얼마나
어려운 일인지 짐작할 수 있으리라.

당시에는 한글로 번역된 경전이 없었기 때문에 자운 스님은 한자의 음과 훈을 자세히 설명하며 수업을 진행했다.

살아있는 생명을 해치지 마라. 죽이지 마라. 이 계를 지키겠느냐?

계율에 관한 한문 음절 하나하나를 새겨주면, 이를 반복해서 따라하며 마음속 깊이 새겼다.

예, 살생하지 않겠습니다!

자운 스님은 이런 방식으로 계율에 관한 모든 경전을 자세히 설명했다.

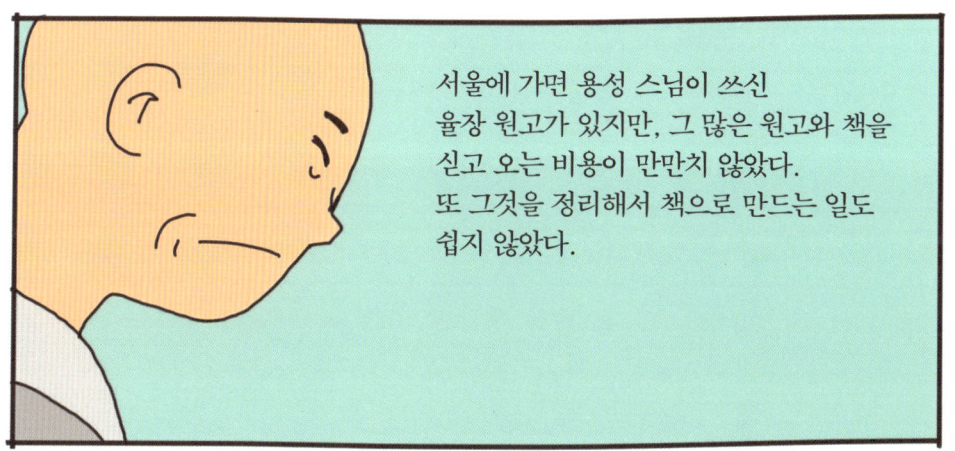

그런데 뜻이 있으면 길이 있다던가.
부산에 사는 오공덕화 보살이
자운 스님의 뜻을 알고 선뜻 거금을
내놓았다.

오공덕화 보살은
사촌들이 구포에서 제분 공장을
운영하는 매우 부유한 집안이었다.
남편은 양복점을 운영하고
본인은 쌀장사를 해
제법 큰돈을 모았다.

불심 또한 깊어 오래전 출가할 결심을
하였고, 훗날 월해 스님의 상좌로 출가,
혜관 스님이 되었다. 또 오공덕화의
외동딸도 인홍 스님의 상좌가 되어
묘영이라는 법명을 받았다.

어머니와 딸이 함께 출가한 것이다.

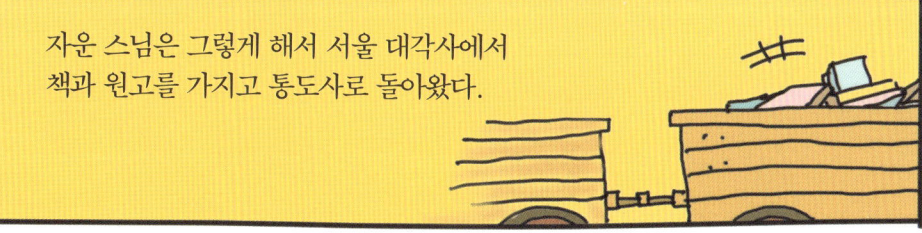

자운 스님은 율장을 가르치면서 어떤 경제적 대가도 받지 않았다.
불교계 안팎의 계율을 무시하는 풍조 속에서 비구와 비구니들에게 계율을 하나라도 더 가르치기 위해 헌신했다.

한편 율장을 공부한 묘엄은 수행자의 자세와 마음가짐을 잘 익히기는 했지만, 부처님의 가르침을 다 안다고 할 수는 없었다.

과연 부처님이 어떤 분이신지 아직도 알 수가 없다는 생각이 들었다.

참선을 해도 뜬구름만 잡는 것 같았고 늘 안개 속을 헤매고 있는 것 같았다.

2

한문과 경전 공부에 매진하다

운허 스님은 묘엄 일행의 뜻을 알고 흔쾌히 승낙했다.

"허허허……. 그럼 그렇게들 하게나."

당시 승가 분위기는 비구니들에게 한문 경전을 가르치는 것을 환영하지 않았다.
사미니나 비구니를 가르치는 교육기관은 단 한 곳도 없었으므로, 이렇게 스승을 찾아 배우는 것 말고는 달리 방도가 없었다.

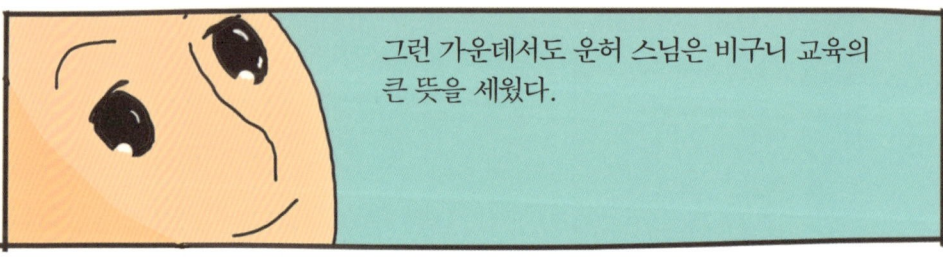

그런 가운데서도 운허 스님은 비구니 교육의 큰 뜻을 세웠다.

1952년 11월경, 운허 스님이 있는 동학사에서 묘엄은 공부를 시작했다.

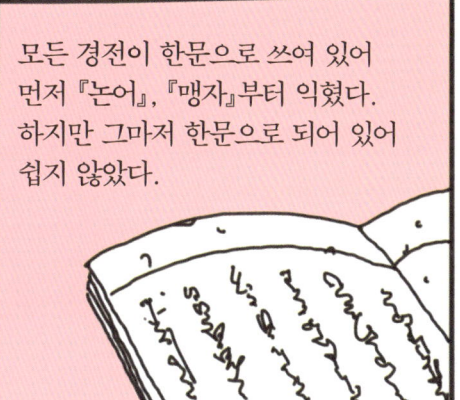
모든 경전이 한문으로 쓰여 있어 먼저 『논어』, 『맹자』부터 익혔다. 하지만 그마저 한문으로 되어 있어 쉽지 않았다.

묘엄은 그동안 익혀온 한문 실력을 총동원해서 운허 스님의 가르침을 따라가려고 발버둥쳤지만 역부족이었다.

하지만 운허 스님의 강의는 명쾌하고 흥미로웠다. 친절하게 글자를 하나씩 짚어가며 그 속에 담긴 뜻을 다양한 비유와 예를 들어 설명했다. 멋진 문학적 표현을 곁들여서 풀어내니 재미와 깊이가 있는 수업이 되었다.

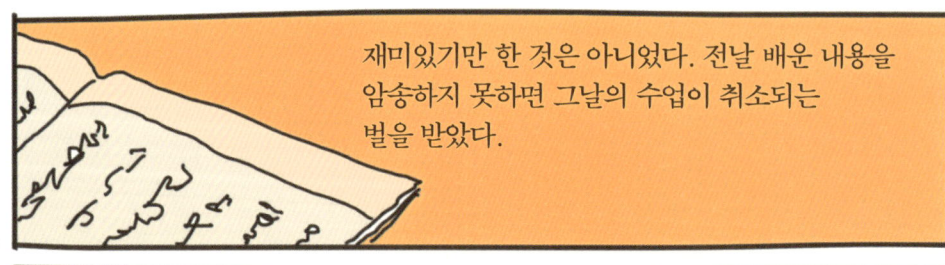

재미있기만 한 것은 아니었다. 전날 배운 내용을 암송하지 못하면 그날의 수업이 취소되는 벌을 받았다.

『치문경훈』에서 '치'는 머리를 깎고 먹물 옷을 입은 수행자를 뜻하고, '문'은 부처님 세상으로 들어가는 문을 말하며, 경훈은 이러한 수행을 도와주는 스승들의 따끔한 가르침을 뜻한다.

묘엄은 『치문』의 한문과 한글 해설까지 모든 문장을 외워야만 했다. 밤을 새며 공부에 힘을 쏟았다.

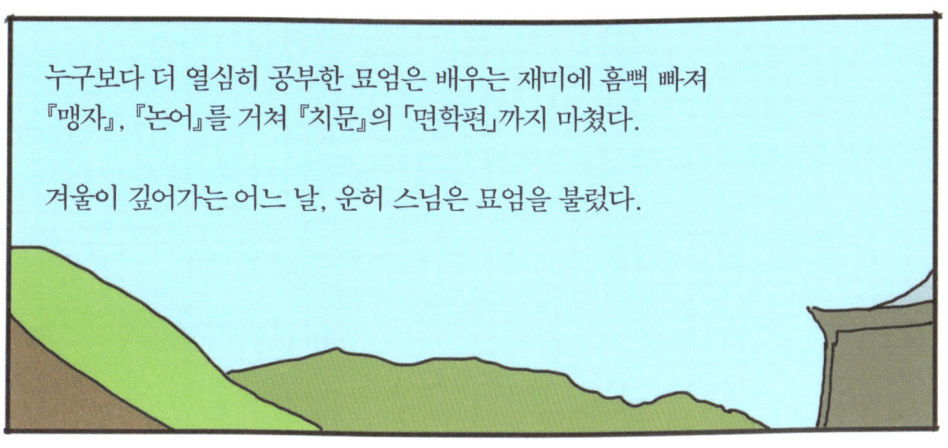

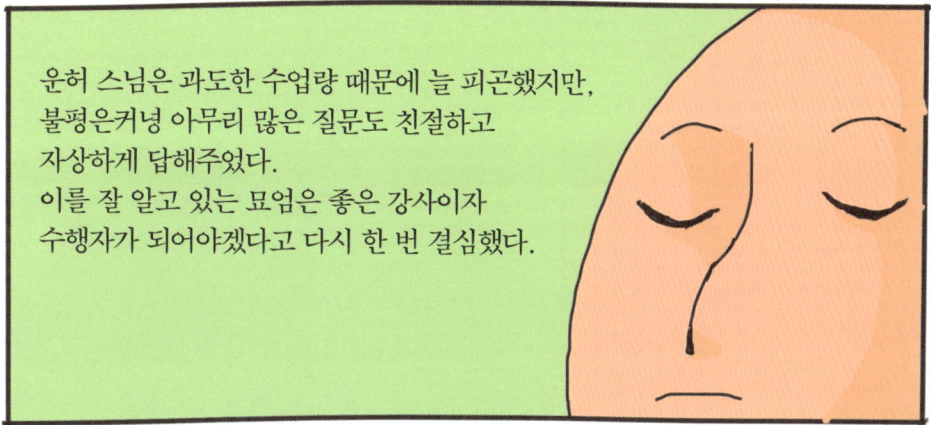

전쟁이 끝나고 운허 스님은 계룡산 동학사를 떠나 금수사에 잠시 머물렀다가 다시 통도사로 가게 되었다. 묘엄도 또다시 걸망을 챙길 수밖에 없었다.

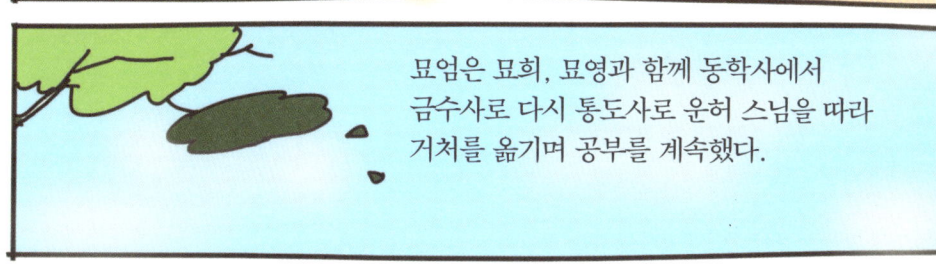

묘엄은 묘희, 묘영과 함께 동학사에서 금수사로 다시 통도사로 운허 스님을 따라 거처를 옮기며 공부를 계속했다.

통도사에서 묘엄은 『능엄경』을 배우게 된다.
『능엄경』은 불교의 인생관과 우주관을
담고 있는 참으로 어려운 경전이다.
오죽했으면 스님들 사이에서 『능엄경』을
'차돌능엄'이라 했을까?

땔감을 산에서 직접 구해오고,

음식을 구하러
멀리까지 탁발을
나가야 하던
시절에도

공부를 게을리할 수는 없었다.
운허 스님은 엄격했다. 『능엄경』 역시
매일 외워 시험을 통과해야 했는데,
묘엄은 옥편을 항상 가지고 다니면서
외우고 또 외웠다.

또 묘엄은 해인사에서 팔만대장경판 중 사교과 경전을 인쇄하였는데 그것은 목판에 먹물을 입히고 종이를 덮어

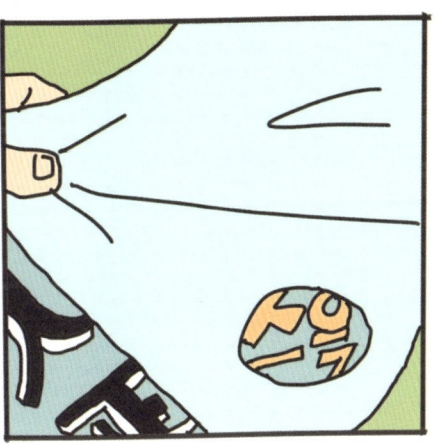

부드러운 천 뭉치로 한 글자씩 조심스럽게 눌러 찍어내야 하는 정교하고 고된 일이었다.

경판의 인쇄가 끝나면 종이를 완전히 말린 다음 같은 크기로 가장자리를 잘라냈다. 그 다음 인쇄된 낱장을 모아 묶으면 한 권의 경전이 만들어졌다.

그렇게 경전 만드는 작업을 하고
보타암에 돌아와 늦은 시간까지
공부에 열중했다.
특히 밤에는 불을 밝힐 초가 없어
큰절에서 쓰다버린 초 조각을 모아
깡통에 넣고 솜으로 심지를 만들어
불을 밝혔다.

그렇게 촛농불을 밝히고 밤늦게
공부를 하다 보면
얼굴과 코 주위가
시커멓게 얼룩졌다.

힘들었지만 행복했다.
부처님의 가르침이 조금씩 반짝이며
묘엄에게 스며들었기 때문이었다.

보타암에 머물며 통도사로 매일 공부하러 다니던 어느 날, 함께 경 공부를 하는 사미니들과 통도사의 암자인 극락암을 찾았다.

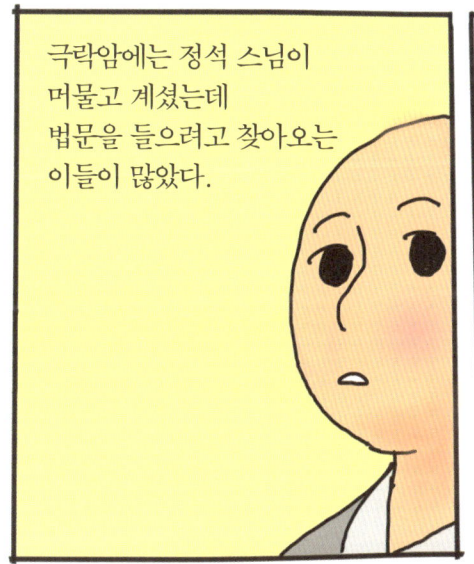

극락암에는 정석 스님이 머물고 계셨는데 법문을 들으려고 찾아오는 이들이 많았다.

스님은 삼소굴에 머물면서 극락전 조실로서 수행자들에게 참선수행을 지도하고 있었다.

묘엄아, 너는 말이다…….

정석 스님은 무슨 말이든 거침없이 해서, 갑자기 어떤 이야기를 할지 수행자들은 항상 긴장해야 했다.

3

마침내 최초의 비구니 교수가 되다

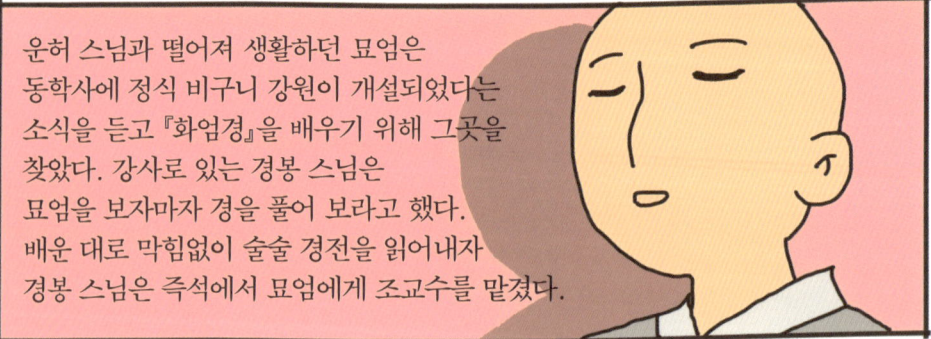

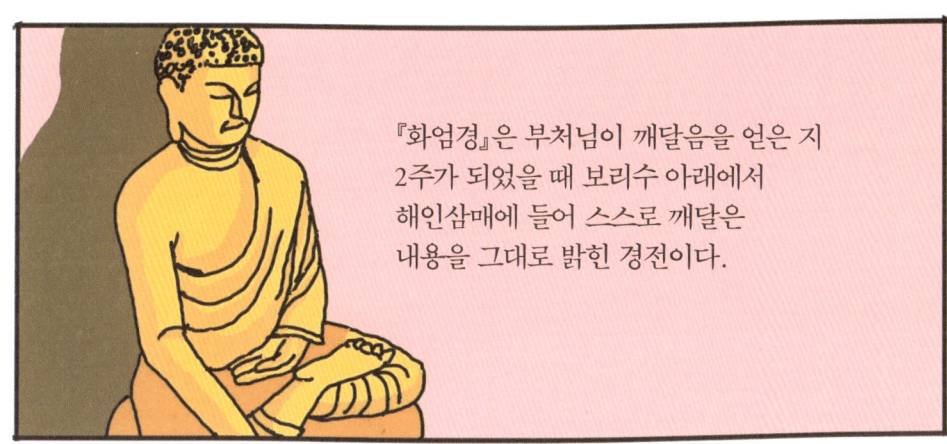

『화엄경』은 부처님이 깨달음을 얻은 지 2주가 되었을 때 보리수 아래에서 해인삼매에 들어 스스로 깨달은 내용을 그대로 밝힌 경전이다.

묘엄은 대교과 과정의 유일한 학생으로 오롯이 자신의 실력만으로 『화엄경』의 어려운 구절을 풀어가야 했다.

잘 모르는 건 경봉 스님에게 여쭤 봐야겠다.

그나마 중국의 옛 스님들의 주석이 있어 홀로 공부하는 묘엄에게 큰 도움이 되었다.

그렇게 공부하는 동안 풀리지 않는 부분이 생기면 아침에 경봉 스님을 찾아가 가르침을 받았다.

그때 묘엄이 『화엄경』을 읽고 해석하면,

스승은 틀린 부분을 바로 잡아주거나 다시 자세히 설명했다.
때로는 묘엄에게 질문을 던져 견해를 듣기도 했다.

묘엄은 그렇게 경봉 스님에게 『화엄경』을 배웠고 마침내 교수임을 인정하는 전강을 받았다.

하지만 묘엄은 여전히 배움에 목말랐다. 교수가 되었다고 만족할 수 없었다.

그때 통도사에는 운허 스님이 머물러 있었는데, 그 문하에는 기라성 같은 학인들이 모여 공부하고 있었다.

묘엄은 운허 스님 문하에서 다시 『화엄경』을 배울 결심을 했다.

경봉 스님에게 전강을 받았다던데 ······.

아직 부족함이 많습니다. 스님.

스님 밑에서 공부를 더 할 수 있도록 허락해 주십시오.

그래, 한번 잘해 보자.

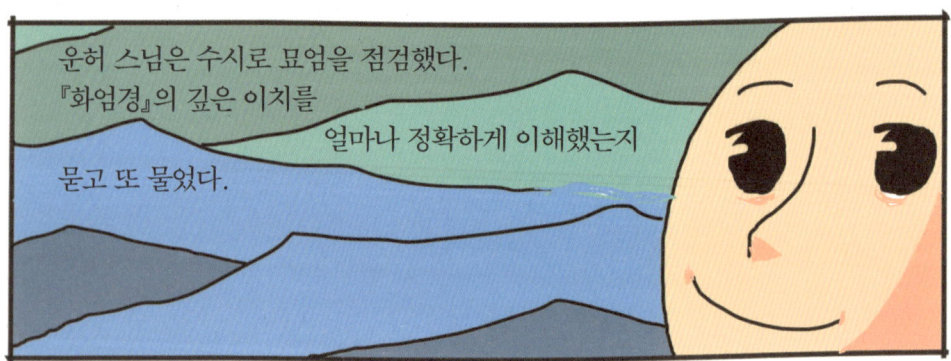

내가 교수라 하면
교수인 거야.
묘엄,
너는 이제
교수다!

천하의 대강백 운허 스님이
통도사에서 묘엄에게
전강을 선언한 이때가
1957년 12월이었다.

1956년 4월 5일.
계룡산 동학사 비구니 강원에서,
경봉 스님의 전강을 받고 그 후
당대 최고의 강백으로 손꼽히던
운허 스님의
전강까지 받으니,
이는 한국불교계에서
최초의 일이었다.

4

배움에 대한 갈증과 새로운 도전

하지만 묘엄은 여기서 만족하지 않았다.
걸망을 챙겨 운허 스님께 하직 인사를 드리고
서울로 올라가는 기차에 몸을 실었다.

동국대 불교학과에 들어가서
본격적인 불교학을 더 배우기로
결심했다.

석불사 주지 천일 스님의 배려로
방 한 칸을 얻어 낯선 서울살이가
시작되었다.

대학에 가기 위해 고시학원에 등록하고
영어, 수학, 국어, 역사 등 모든 것을
새롭게 공부해야만 했다.

장장 십몇 년 동안 등지고 살았던
세속 공부를 다시 시작하기란
쉬운 일이 아니었다.
하지만 「능엄주」를 외워가며
밤을 새워 공부하고 또 공부했다.

때로는 지치고 힘들어
그만두고 싶어졌다.

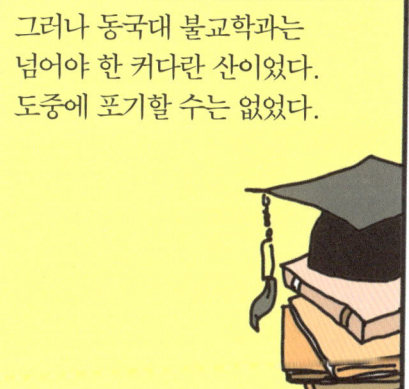

그러나 동국대 불교학과는
넘어야 할 커다란 산이었다.
도중에 포기할 수는 없었다.

검정고시 시절이 지옥 같았다면 대학생활은 극락이었다.

당시 우리나라 불교학계에서는 각 분야의 일인자로 손꼽히는 교수들의 지도 아래

산스크리트와 불교 문화재에 대해서도 배웠고. 전통적인 강원 문화에서는 접할 수 없었던 새로운 학문의 세계를 만날 수 있었다.

그리고 무엇보다도
사람 사는 세상을 알게 되었다.

하루 종일 의식주를 위해
애쓰는 사람들의 모습에서

세상이 고해라 하셨던 부처님의
말씀을 실감했다.

묘엄은 생각했다.
저 많은 중생들을 제도하려면
출가 수행자들은 세상 사람들보다
훨씬 더 지혜로워야 한다는 것을.

산에서 눈을 뜨고 산에서 잠을 자는 산사 생활에서는
세상이 어떤 것인지, 중생들의 마음은 무엇인지 막연했다.
그러나 세속 생활을 하면서 세상을 바로 보는 새로운 눈을
뜨고 중생의 마음을 이해하기 시작했다.

『화엄경』의 바다를 건너고,
힘든 고시 준비와 4년의 대학생활,
그 길고 긴 배움의 여정을
기어이 다 지나왔구나 생각하니,
스스로 장하기도 하고
한편으로는 허탈하기도 했다.

묘엄은 그 길로 걸망을 챙겨
묘전 스님과 함께
경상북도 청도군 호거산에 있는
운문사로 내려갔다.

비구니 교육에 헌신하는
승가 교육자로서의 인생이
새롭게 시작되는 순간이었다.

처음 강의를 시작했을 때는
사미과, 사집과, 사교과,
세 반을 모두 혼자
가르쳐야 했다.

아침 여섯 시 반에 첫 수업을 시작해 오전 강의가 끝나면 오후엔 사찰에 관련된 크고 작은 일로 눈코 뜰 새 없이 바빴다.

금전적 보수는 없었다. 가르치는 것이 자신의 의무라 믿으며 헌신했다.

또한 운문사 비구니 강원의 규칙도 정했다. 허가를 받지 않고 절 밖에 나가는 것을 금지했고, 이를 지키지 않으면 사정없이 퇴출시켰다.

비구니 강원에서는 무엇보다 규율을 철저히 지키는 것이 우선이었다. 예를 들면 해가 지기 전에 빨래를 걷어야 했으며,

외출할 때는 반드시 주지스님의 허락을 받아야 했고,

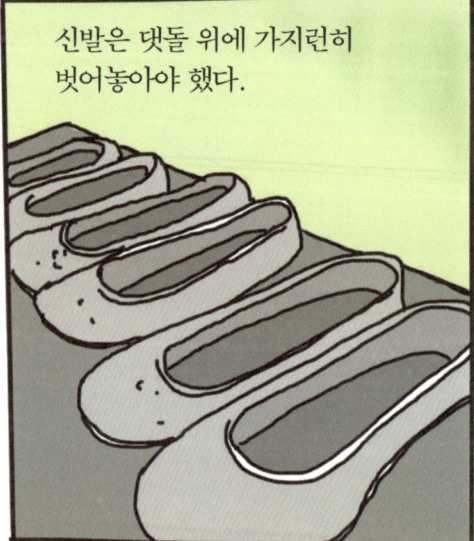

신발은 댓돌 위에 가지런히 벗어놓아야 했다.

개인 편지도 사무실 삼직 스님이 먼저 열어 본 다음 학인들에게 전달했다.

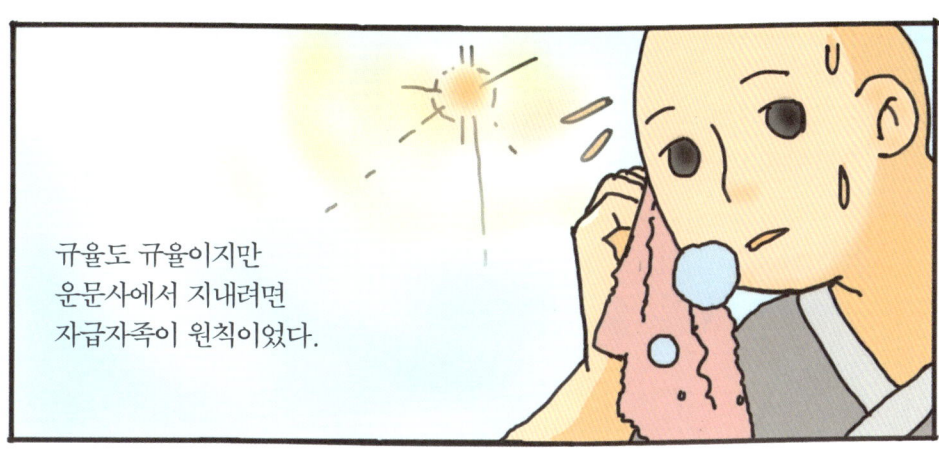

규율도 규율이지만
운문사에서 지내려면
자급자족이 원칙이었다.

운력(노동)도 수행의 연속이므로
몸이 아픈 이들을 제외한 학인들은
빠짐없이 일을 해야만 했다.

그렇게 절집 안 모든 식구들은 땡볕에도
잡초를 제거하고 밭을 갈았다.

올해는 식량이
충분하겠다.

묘엄은 묘전 스님이 학인들을
얼마나 정성껏
보살피는지 알고 있었다.

어느 무더운 여름날이었다.
폭우가 쏟아져 사찰에서 8킬로미터 즈음
떨어진 마을에서 묘전 스님은 발이 묶였다.

마침 그날은 학인들을 위해
포도를 사서 가져오는 길이었다.

그때 학인들은
포도를 먹으면서
감사의 눈물을 삼켰다.

묘전 스님이 주지를 맡고,
묘엄이 교수를 맡은 후
운문사에는 학인들이
더 많이 모여들었다.

처음엔 40명에 불과했지만
해를 거듭할수록 불어나
100여 명까지 늘어났다.

그랬다. 평소 묘엄은
승가 교육자라는 자신의 임무를
곰곰이 생각해 보았다.

과연 나는 중국과 우리나라의 선사들이
묘사한 글을 제대로 이해하고 있으며
체득하고 있을까?

1970년대, 어느덧 30대 후반에 이른 묘엄은 마음을 닦는 길에 진전이 없다는 생각에 이르자 깊이 절망했다.

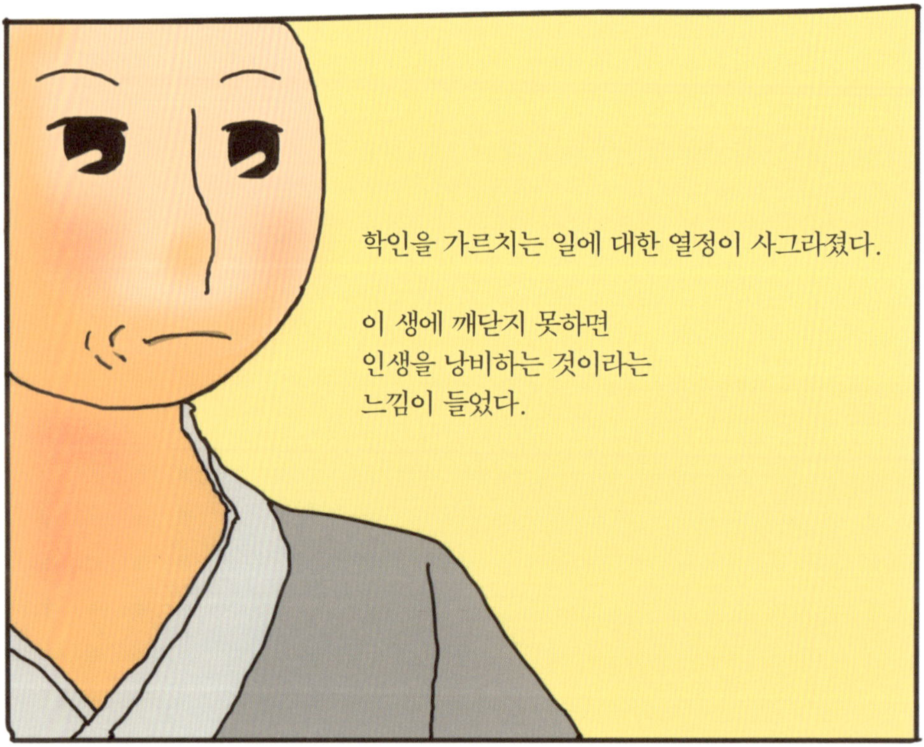

학인을 가르치는 일에 대한 열정이 사그라졌다.

이 생에 깨닫지 못하면 인생을 낭비하는 것이라는 느낌이 들었다.

깨달음을 얻겠다는 열망에 휩싸인 묘엄과 묘전 스님, 그리고 권속들은 운문사의 모든 소임을 내려놓았다.

묘엄이 권속 비구니 30여 명과 함께 운문사를 떠난 때는 1970년 가을이었다.

5

천 년의 터에서 하루를 시작하다

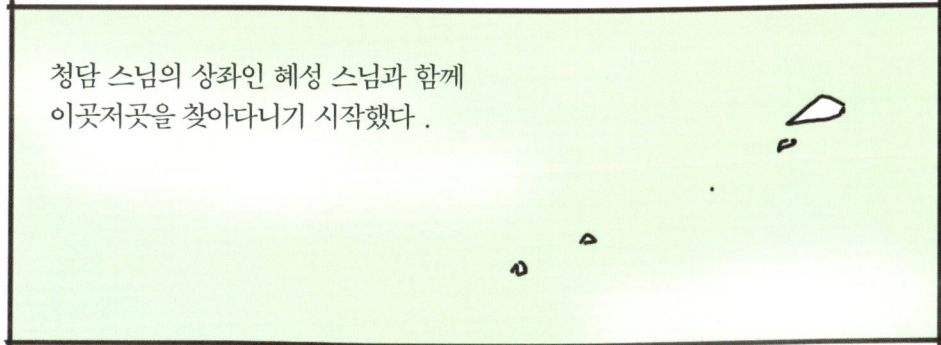

포장도 안 된 비좁은 길을 지나 산모퉁이를 돌아서니 '봉녕사'라고 새겨진 조그마한 비석이 자리하고 있었다.

약사전 한 채, 칠성각 한 채. 그 아래 내려가면 요사채가 있었는데 지은 지 오래되어 누추하기 그지없었다.

사방을 둘러보니 인가 한 채 없는 황량한 산기슭이었다.

그래도 그 아래 천 년은 되었음직한
향나무가 고고한 자태로 버티고 서 있어,
이 절이 천 년 고찰임을 말해 주고 있었다.

묘엄은 이 봉녕사가 마음에 들었다.
그리고 더 돌아다녀 보아야
마땅한 빈 집이 있을 것 같지도 않아
이 절에서 살기로 결심했다.

다음 날 아침부터 30명의 비구니들은 바삐 움직였다.

약사전, 칠성각에 쌓인 먼지를 털어내고,
허물어진 흙과 돌덩어리를
정리하기 시작했다.

여기저기 꽃도 심으면서
열심히 일했다.

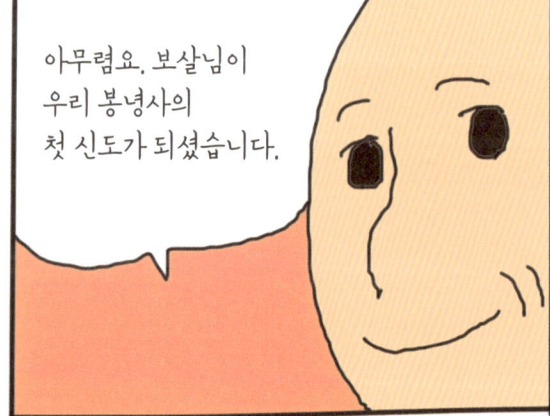

그 후 한 사람, 두 사람 머리에
공양미를 이고 찾아오기
시작했다.

사람들은 절이 깨끗해졌다고 좋아했다.
하루하루 봉녕사 신도들이 늘어나기 시작했다.

봉녕사 앞에 논이 있었는데
절에 드나들려면 누구나 이 논길을 지나와야 했다.
하지만 사찰 소유의 논이 아니어서 여러 불편함이 있었다.

그렇게 약속하고 논 주인을 보냈지만
달리 논을 살 돈을 구할 방법이 없었다.

봉녕사의 재정 걱정을 하던 중
갑자기 청천벽력 같은
비보를 받았다.

아버지 청담 스님이
열반에 드셨다는 것이었다.

믿기지 않았다.

만나면 헤어지기 마련이요,
태어나면 숨지게 마련이지만
참으로 덧없고 서글펐다.

그동안 익혔던 부처님의 가르침도
슬픔에 사로잡힌 묘엄을
위로해주지 못했다.

아, 이것이.
인생이란 말인가?
모든 것은 물거품 같고
풀잎의 이슬 같고
그림자 같다고
이르시더니…….

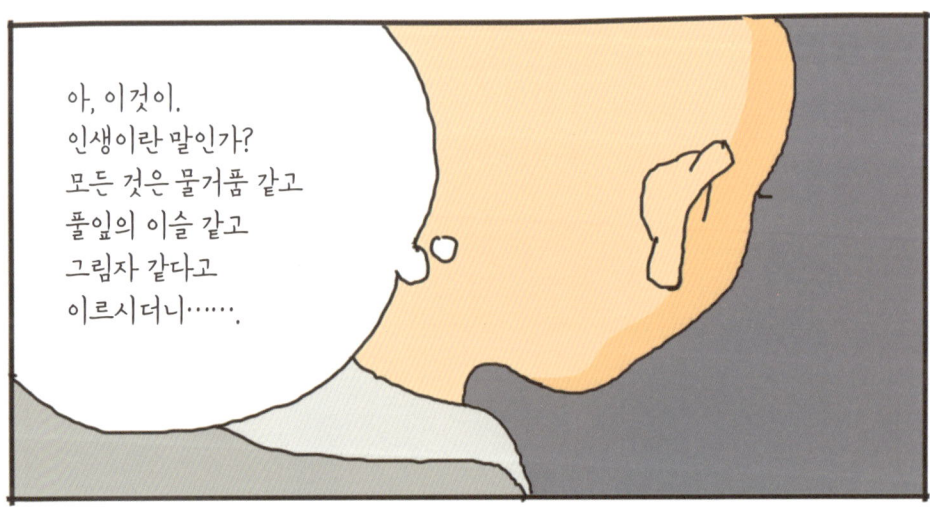

1975년 5월, 청담 스님이 봉녕사를 방문했을 때였다.

청담 스님이 좋아하는 음식이 진주 고향식 열무김치와 된장찌개라는 걸 들었다. 평소 공양상 한 번 제대로 차려드리지 못하는 형편이었지만, 그때 묘엄은 정성껏 공양을 마련해 올렸다.

차리느라 고생했는데 요즘 입맛이 좀 없구나.

아니, 어디 편찮으세요?

그리고 그해 8월, 청담 스님이 봉녕사를 두 번째 방문했을 때 역시 정성을 다해 공양을 올렸다.
다행스럽게도 청담 스님은 맛있게 드셨다.

참 맛있구나.
허허허……

하지만 그날이 묘엄과의 마지막 만남이었다.
석 달 후 아버지 청담 스님은 입적했다.
스님의 세납은 일흔 하나였다.
묘엄은 청담 스님의 다비를 모셨다.

명심하거라. 묘엄 너는 승려다.
수행자가 수행자답지 못하게
행동한다면 그는 더 이상
사람도 아니다.
끝까지 승려로서 제 본분을
잘 하라는 말이다!

아버지 청담 스님의
간절한 당부가
묘엄의 귓전에
울리고 있었다.

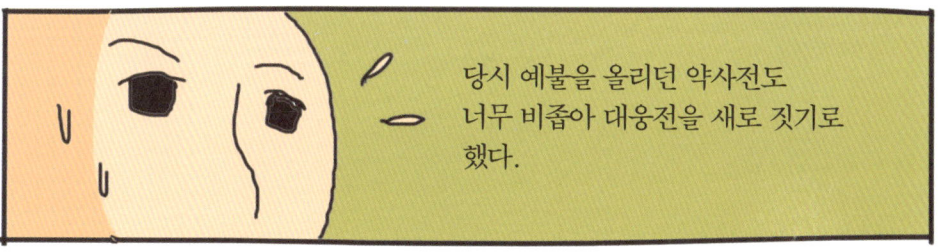

황량했던 산기슭에 새로운 건물이 하나둘 들어서니

봉녕사는 작은 암자에서 벗어나 어엿한 가람의 모습으로 자리 잡아갔다.

하지만 묘엄의 마음 한편에는 다른 걱정이 자라고 있었다.

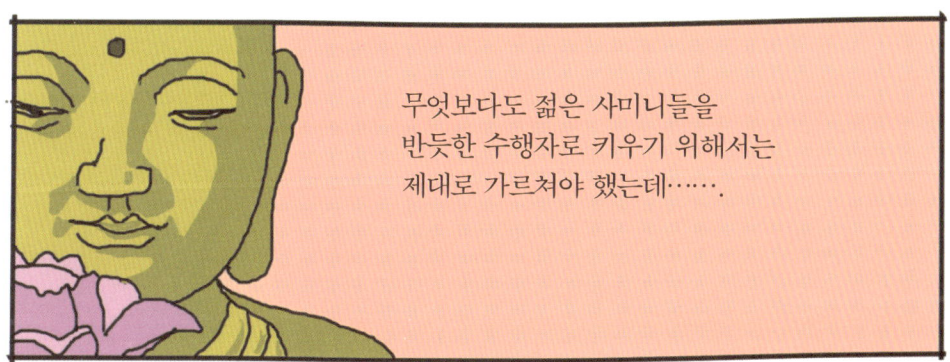

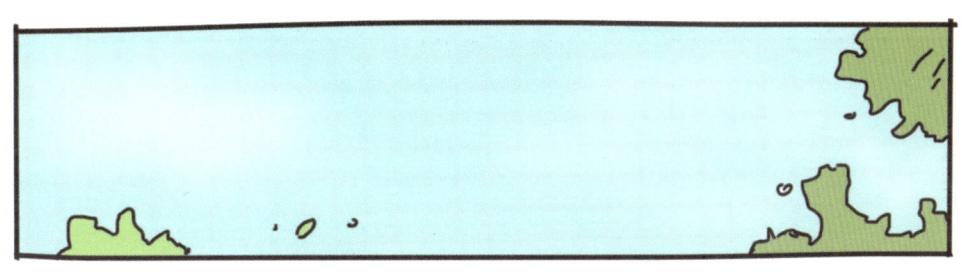

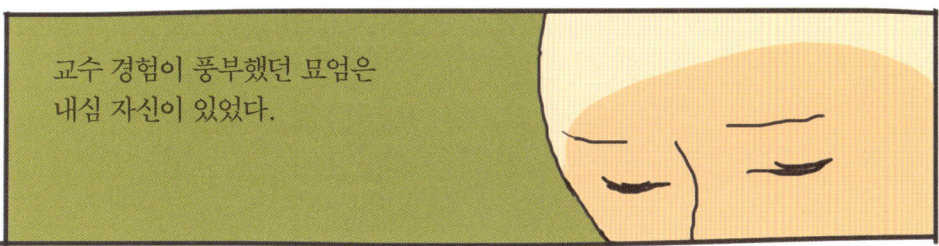

그렇게 제대로 된
건물을 짓던 중
수원 시청 철거반이
들이닥쳤다.

무허가 건물은 철거 대상이라는 것이었다.
사방으로 시줏돈을 모아 착수한
공사를 도중에 중단하자니
난감한 일이었다.

무엇보다도 30명의 강원생을
모집한다고 불교계 신문에
공고를 내서 무려 50명이
지원했는데, 이제 와서
그만둘 수는 없었다.

작업을 멈출 수는 없었다.
사찰 안에 있는 건물이므로
사후 절차를 밟는 조건으로
가까스로 철거만은 면했다.

다시 공사는 시작되었다.

여느 때처럼 바쁜 일요일,
봉녕사 대중들이 길게 늘어서
비지땀을 흘려가며 벽돌과
모래를 옮기고 있었다.

그런데 낯선 남자 둘이 봉녕사 경내를
둘러보다가 공사장 근처로 다가왔다.

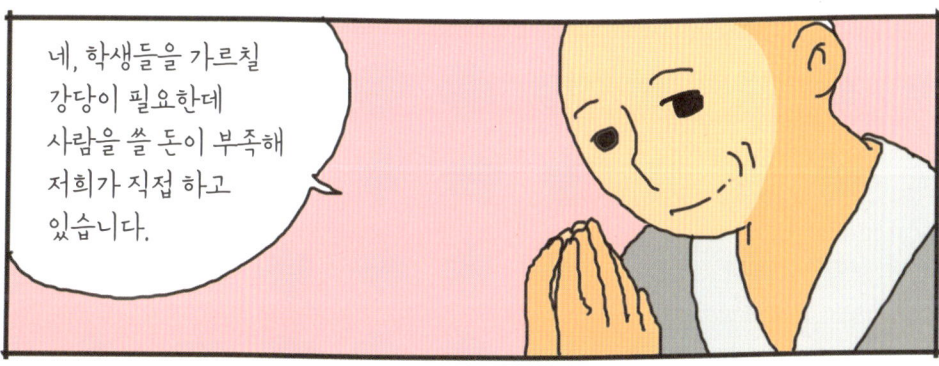

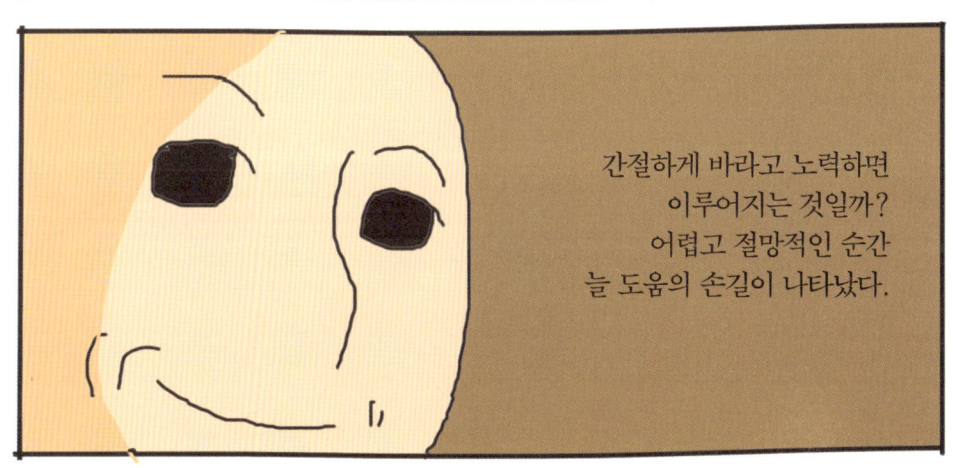

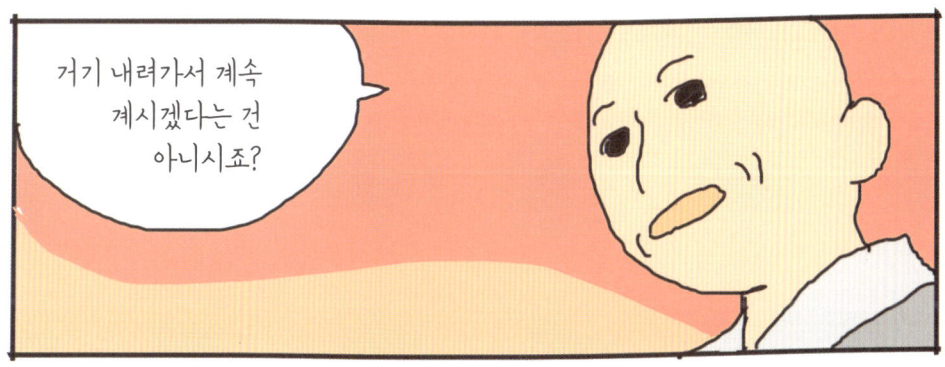

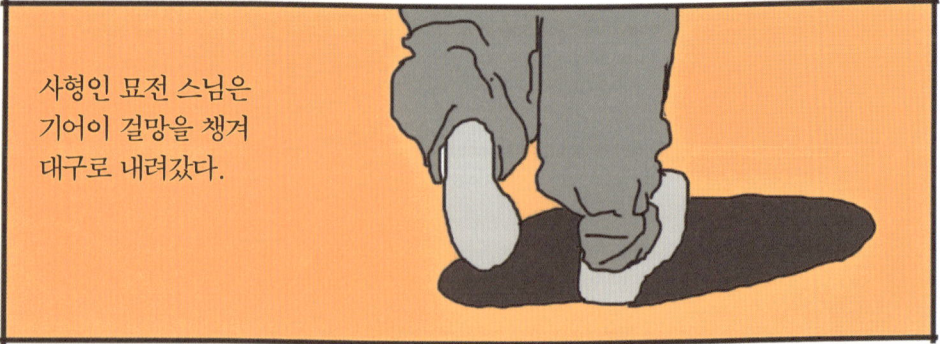

6

새로운 도약을 위해
숨을 고르다

묘전 스님이 봉녕사를 떠난 후 어쩔 수 없이
묘엄이 봉녕사 주지 겸 강원 원장으로
취임하게 되었다.

이때가 1974년 3월 5일이었다.
묘엄의 세속 나이 마흔넷,
윤필암에서 삭발 출가하여
흐르는 물처럼 흘러간 세월이
어느새 30년이었다.

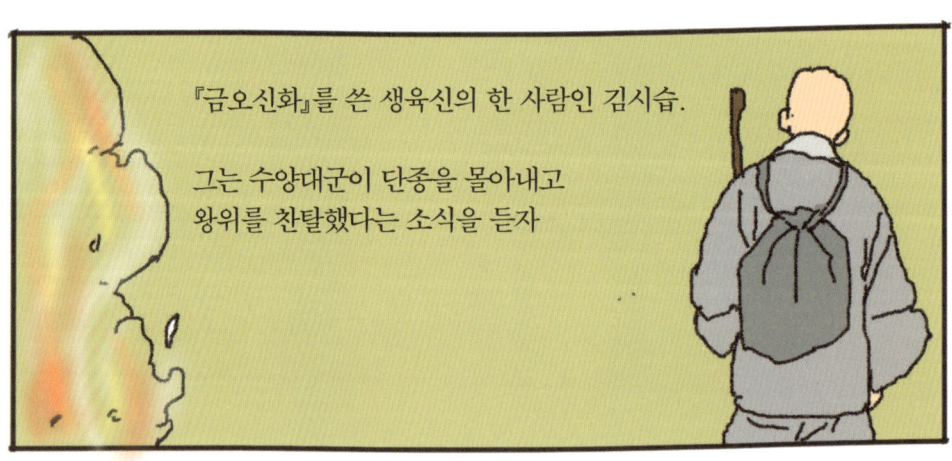

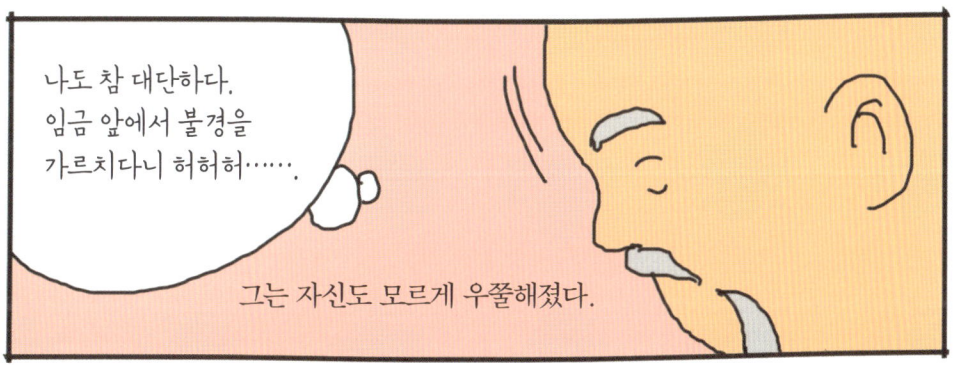

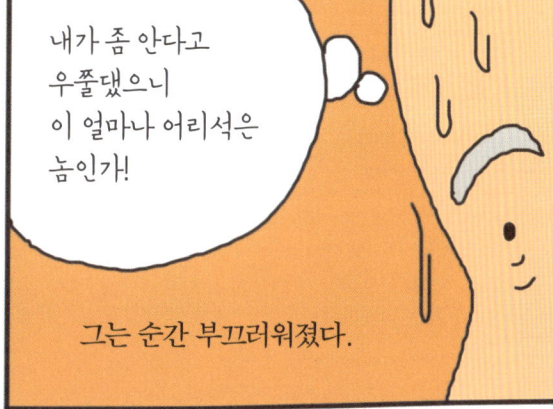

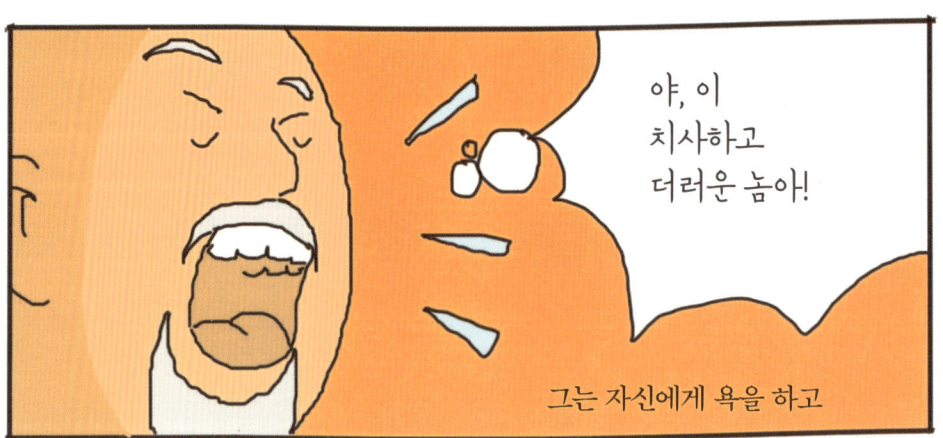

7

새로운 인연을 짓고,
오래된 인연을 풀다

봉녕사의 학인들은 계속 늘어갔다. 그러던 어느 날 묘엄의 속가 어머니인 대도 보살이 봉녕사로 찾아왔다.

이런 늙은이도 스님이 될 수 있습니까?

머리를 깎고 스님이 되어 이 절에 계속 계시는 게 어떨까요?

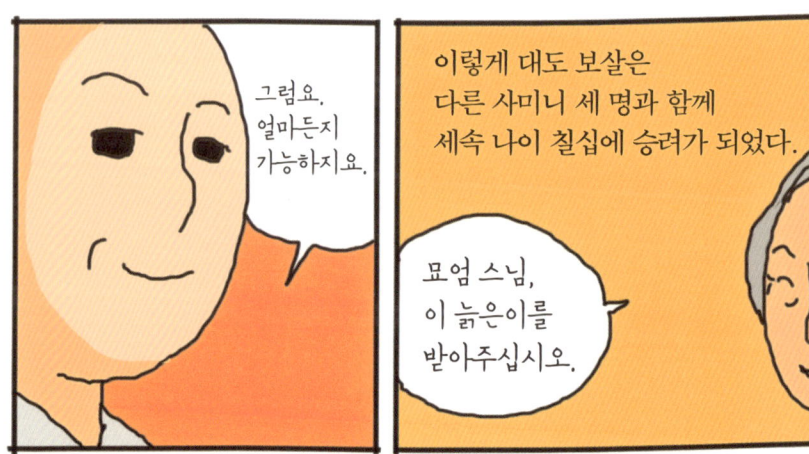

그럼요. 얼마든지 가능하지요.

이렇게 대도 보살은 다른 사미니 세 명과 함께 세속 나이 칠십에 승려가 되었다.

묘엄 스님, 이 늙은이를 받아주십시오.

대도 스님은 지극 정성으로 염불을 익혔다. 그리고 얼마 되지 않아 「능엄주」를 외우고 「이산혜연 선사 발원문」을 외웠으며 『천수다라니경』까지 외웠다.

그리고 참선 수행까지도 몸에 익혔다.

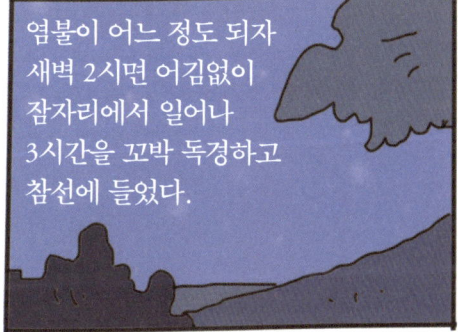

염불이 어느 정도 되자 새벽 2시면 어김없이 잠자리에서 일어나 3시간을 꼬박 독경하고 참선에 들었다.

대도 스님이 이렇게 열심히 수행을 시작하자 전부터 봉녕사에 살고 있던 노비구니 스님들이 달라졌다. 그들도 대도 스님을 따라 꼭두새벽에 일어나 수행하기 시작했다.

그리고 해를 거듭할수록 학인들이 늘어갔다.

갓 입문한 초심자들은 『치문』부터 가르쳤다.
치문 교육은 1년이 걸렸다.

이것을 마치면 『서장』, 『도서』, 『절요』, 『선요』의
사집 과정으로 참선의 기본에서 시작하며
그 오묘한 경지를 익히는 단계
또한 1년이 걸렸다.

그 다음은 사교를 배우게 되는데
공의 가르침과 마음 도리를 일러주는
네 권의 경전이 기다리고 있었다.
『능엄경』,『기신론』,『금강경』,『원각경』이
그 주인공이었다.

이것을 3년 안에 마치면
대교 과정에 들어가는데
이 과정에서는 『화엄경』,『선문염송』,
『전등록』 등을 배웠다.

이 모든 과정을 4년이라는 정해진 기간 안에
가르쳐야 하는 묘엄은 눈코 뜰 새 없이
빈틈없는 일과를 보내야만 했다.

봉녕사 비구니 강원에 들어온 젊은 학인들은
엄한 규칙에 따라 공부에 매진했다.

봉녕사 학인들의 공부
열기는 뜨거웠고 그런 제자들을
바라보는 묘엄의 가슴은 언제나
따뜻했다.

봉녕사에는 수도 시설이 없어 물이 부족했다. 여름에는 학인들이 매일 샤워를 하지 않도록 하는 특별 규정까지 만들어야 했고

사찰 재정이 넉넉하지 못해 채소 살 돈마저 모자라 언제나 멀건 된장국을 먹어야 했다.
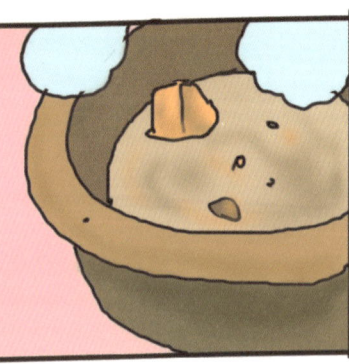

이러한 생활 속에서도 묘엄은 학인들의 불평을 한마디도 듣지 못했다.

그랬다. 학인들은 비좁은 잠자리나 부족한 공양에 대해 불평은커녕 묘엄의 가르침 아래 이러한 삶을 미덕으로 여기며 학인 생활을 즐겼다.

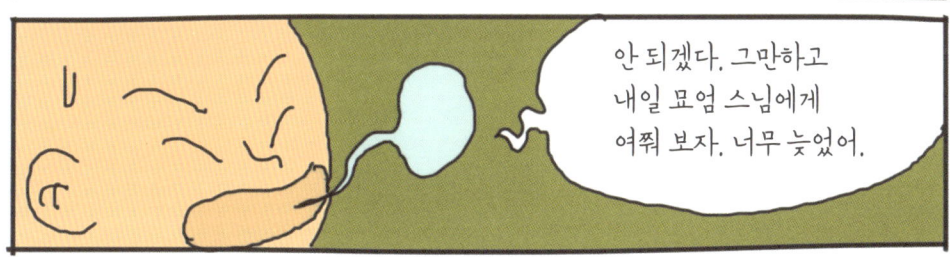

묘엄은 운허 스님에게 배운 그대로 학인들을 가르쳤다.

묘엄이 학인들을 가르치며
일상을 보내던 어느 날 비보가
날아들었다.

천하의 대강백 운허 스님이 열반에 드셨다는 소식이었다.

운허 스님은 오랫동안 한글 대장경을 펴내는 일에 몰두하며 경전의 한글화에 평생을 바쳤다.

늘 자상한 가르침을 전했던 운허 스님. 그 은혜를 결코 잊을 수가 없었다.

1980년 묘엄은 조계종 전국비구니회의 추천으로 한국 비구니대학 학장으로 선출되었다.

한국 비구니대학은 서울의 성라암에 자리하며 영어, 일본어, 한국문학, 불교철학, 심리학 등 기타 여러 과목을 가르쳤다.

비구니대학 학장으로 취임했지만 봉녕사 학인들의 수업에도 소홀함이 없었다.

새벽부터 아침 공양 전까지 수업을 진행했다.

매일 봉녕사에서 서울까지 버스를 타고 출퇴근했으며, 퇴근 후 저녁 공양을 마치고 다시 수업을 이어갔다.

묘엄은 지성적이면서도 강력한 의지가 필요한 순간이 왔음을 느꼈다.

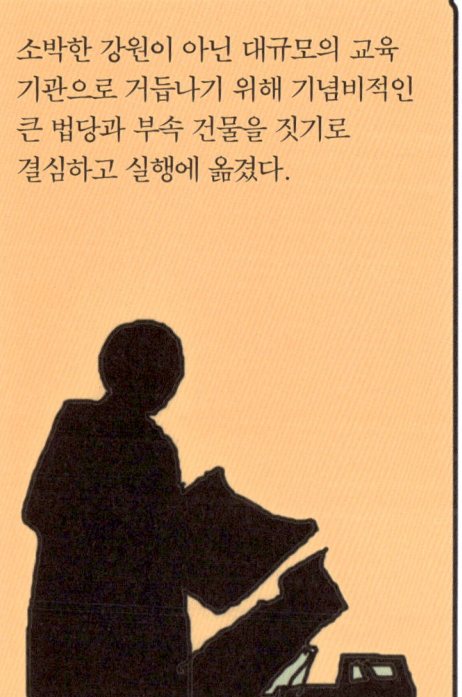

소박한 강원이 아닌 대규모의 교육기관으로 거듭나기 위해 기념비적인 큰 법당과 부속 건물을 짓기로 결심하고 실행에 옮겼다.

재원은 재가 신도들의 보시와 전시회 수익금으로 충당했고, 큰스님들에게 기부를 요청하기도 했다.

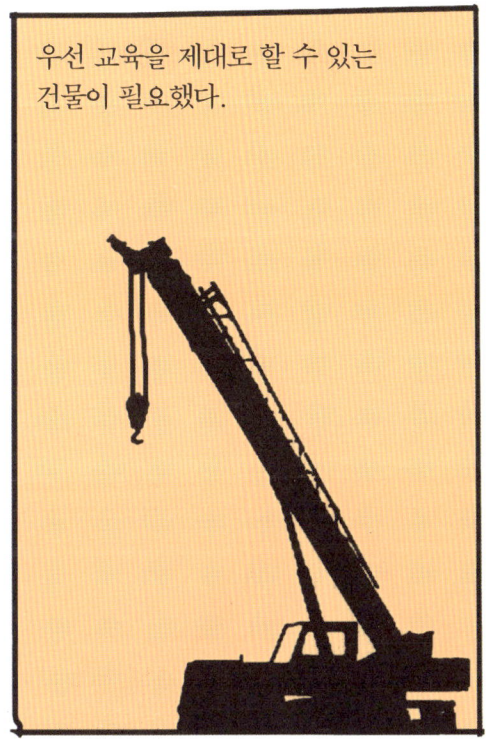

육화당 1층은 여러 학인들이 한꺼번에 공양을 할 수 있는 공간이 마련되었고

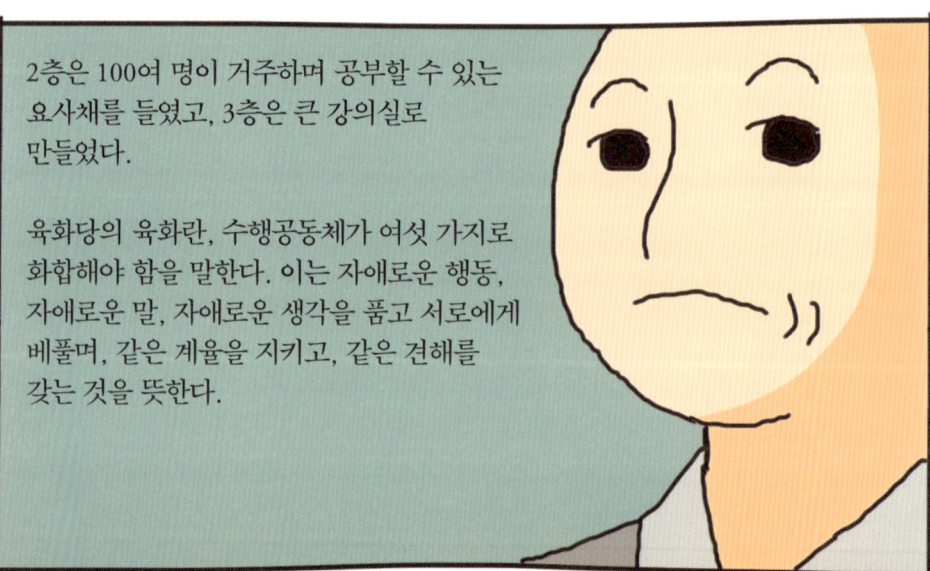

2층은 100여 명이 거주하며 공부할 수 있는 요사채를 들였고, 3층은 큰 강의실로 만들었다.

육화당의 육화란, 수행공동체가 여섯 가지로 화합해야 함을 말한다. 이는 자애로운 행동, 자애로운 말, 자애로운 생각을 품고 서로에게 베풀며, 같은 계율을 지키고, 같은 견해를 갖는 것을 뜻한다.

이 여섯 가지를 동료들과 함께 하면 부처님의 가르침이 오래 유지된다는 뜻에서 붙인 이름이었다.

1992년 일연, 성학, 도혜, 대우, 일운에게
제 1회 전강을 했다.

그 후 1997년에 탁연과 적연에게 전강하고, 2004년에 상일에게
2007년에 본각에게, 그 후 벽공과 명선에게 전강했다.

그런 제자들이 각자의 위치에서
열심히 살아가고 있어
묘엄은 마음이 늘 든든했다.

1997년 봉녕사 비구니 승가학원이
대학으로 승격되었다.

하루는 한 상좌가
묘엄에게 물었다.

옛날에는 양식이 없어
탁발을 하셨다는데
학장 스님도 탁발을
하셨습니까?

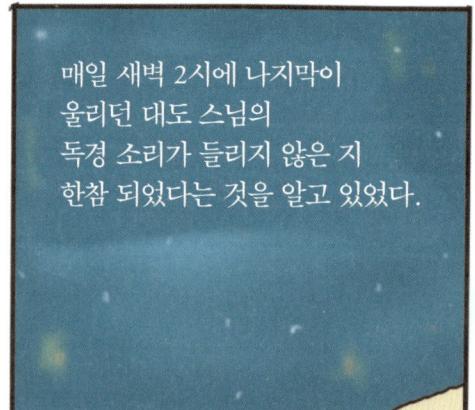

아이고, 스님. 대도 스님께서 우리 영감과 제가 겨울에 얼어 죽지 않도록…….

아이고, 스님!

지붕도 제대로 덮고 구들도 다시 놓으라고 150만 원이나 되는 큰돈을 주셨단 말입니다.

경봉 스님도
아버지 청담 스님도
천하의 강백 운허 스님도
어머니 대도 스님도
열반에 들어 이제 만날 수
없게 되었다.

불문에 들어 한세상 살아보니
부처님의 말씀은 어떻게 그렇게
한 치도 어긋남이 없는 것일까.

대체 인생이 무엇일까?
거대한 시간 앞에서는
풀잎 위의 이슬과 무엇이 다를까.

묘엄도 가끔 한가한 시간에 홀로 차를 마시며 옛생각에 잠기곤 했다.

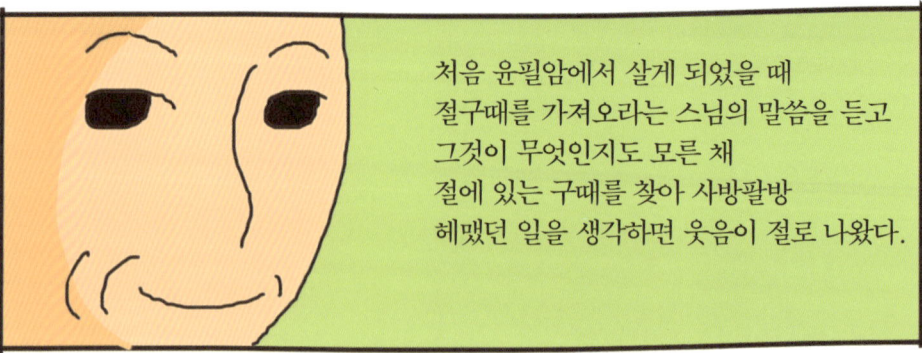

처음 윤필암에서 살게 되었을 때 절구때를 가져오라는 스님의 말씀을 듣고 그것이 무엇인지도 모른 채 절에 있는 구때를 찾아 사방팔방 헤맸던 일을 생각하면 웃음이 절로 나왔다.

독성각에서 혼자 불공을 드릴 때 '나반 존자, 나반 존자'라고 해야 하는 것을 잊고

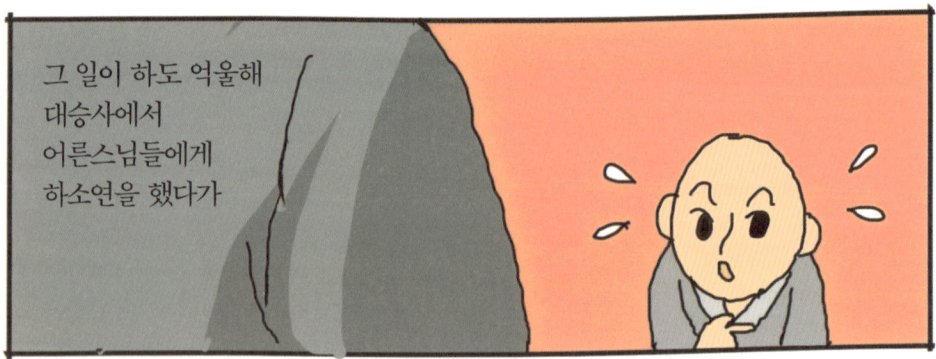

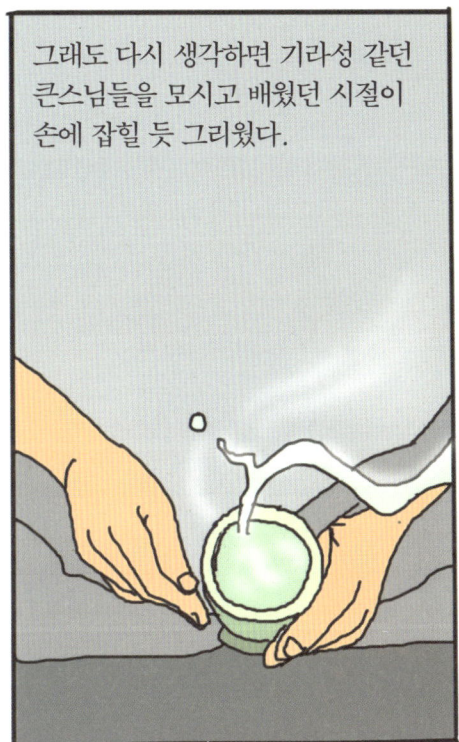

고승들이나 입는 옷이라고 다른 비구니들이
손가락질하고 비아냥거리기도 했었다.

그러나 결국 청담 스님과
성철 스님의 생각이 옳았다.
지금은 모든 비구니들이
그 승복을 입고 있으니 말이다.

초심자 시절,
여기저기 다니다 보면
재미있는 이야기도 많이
들을 수 있었다.

해인사에서 공부하던 시절,
구산 스님께서 들려준 이야기는
두고두고 입가에 미소를
짓게 했다.

스님들이 해인사와 통도사,
그리고 송광사가 서로 크다고
자랑을 하는데……

그때 셋이 배를 타고
팥죽을 저으러 가마솥에
들어갔는데 1년이 지나도록
소식이 없었다네.

참으로 슬픈 일이지.
내년에 돌아올 수
있으려나.

이에 질세라 송광사 스님도
한마디 했어.

그렇게 옛 스님들의 이야기는 고달픈 수행생활에 양념 노릇을 톡톡히 했다.

그 우스갯소리를 들려줬던 구산 스님은 열네 살에 아버지가 돌아가시고 가난한 집안을 먹여 살리기 위해 이발사가 되었다고 했다.

그런데 폐결핵에 걸려 고생하던 중 누군가의 말을 듣고 지리산 영원사에서 백 일 동안

천수 기도를 드리고 병이 낫자 발심하여 효봉 스님을 은사로 출가했다.

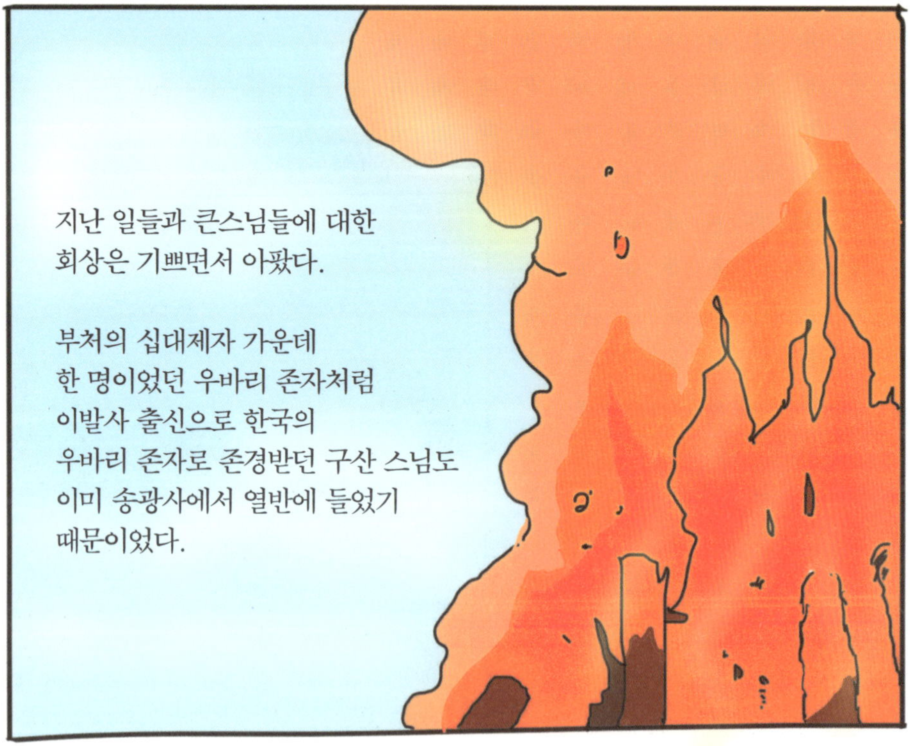

지난 일들과 큰스님들에 대한 회상은 기쁘면서 아팠다.

부처의 십대제자 가운데 한 명이었던 우바리 존자처럼 이발사 출신으로 한국의 우바리 존자로 존경받던 구산 스님도 이미 송광사에서 열반에 들었기 때문이었다.

그리고 1993년 11월
또 한 번 하늘이 무너지는
비보를 받았다.

가야산 해인사에 계셨던
성철 스님이 열반에
들었다는 소식이었다.

가야산에 계신다는 것만으로도 마음의 의지가 되었던 성철 스님이 열반에 들었다는 소식은 우주 한복판에 홀로 남은 것 같은 박탈감과 허망함을 느꼈다.

묘엄은 지체할 수 없었다. 모든 일을 뒤로 미루고 바로 해인사로 향했다.

승려가 되라고 권유하고 이 순간까지 묘엄을 가르친 성철 스님은 스승 이상의 존재였다.

하하하,
잘 왔다. 잘 왔어.
내 약속하마.
널 승려다운 승려로
만들어주마.

성철 스님은 「능엄주」를 108번씩 외우도록 했다.

어떻게 참선해야 하는가에 대한 공부 역시 성철 스님의 가르침이 큰 빛이 되어주었다.

묘엄이란 법명도
세주라는 법호도
성철 스님의 선물이었다.

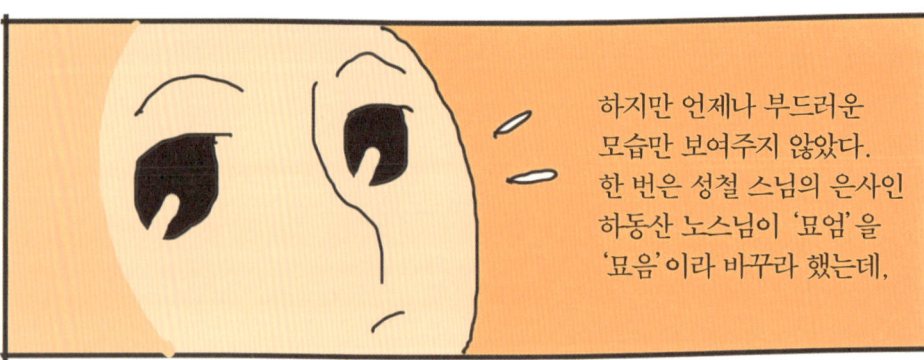

하지만 언제나 부드러운
모습만 보여주지 않았다.
한 번은 성철 스님의 은사인
하동산 노스님이 '묘엄'을
'묘음'이라 바꾸라 했는데,

묘음이라 바꾸면
소리 '음'이라
너무 시끄럽다.
그건 안 돼.

성철 스님에게
아닌 것은 결코
아니었다.

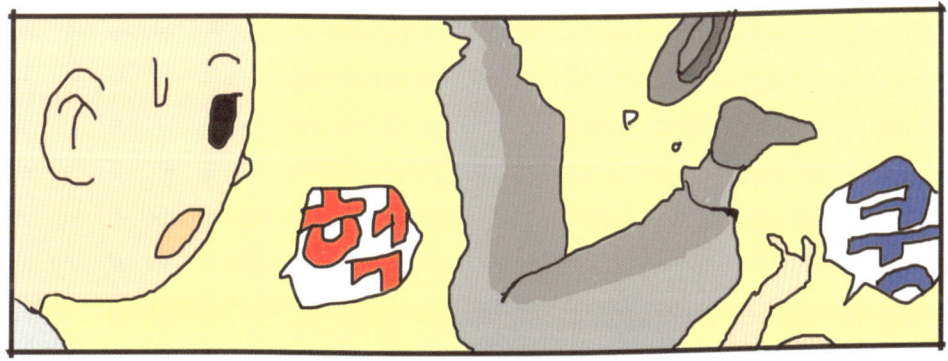

혹독하리만큼 스스로에게 엄격했고 계행을 지키는 데 철저했다.

"승려 노릇 제대로 하려면 시줏물 무서운 줄 알아야 한다. 시줏물은 양날의 칼과 같아 잘못 받아 쓰면 자기 자신을 죽인다. 그리고 수행자는 가난해야 한다. 잘 입고, 잘 먹고, 잘 살면 그건 수행자가 아니라 도둑놈이야."라고 했던 성철 스님의 말이 귓가에 또렷이 들리는 것 같았다.

해인사로 가는 차 안에서 지난 모든 일들이 주마등처럼 스쳐 지나갔다. 온 세상이 텅 비어 버린 것 같았다.

묘엄에게는 큰 산이었고, 부모와 같은 존재였던 가야산 호랑이 성철 스님.

이 세상 모든 것은 인연 따라 생겨나고, 인연이 다하면 떠나고 사라지는 것이 당연한 이치지만, 사랑하는 이를 떠나 보내는 슬픔은 어찌할 수 없었다.

죽으로 주린 배를 달래고, 탁발로 얻은 감자 한 개, 보리밥 한 술로 끼니를 이어가면서도 사바세계를 부처의 땅으로 만들고자 서원했던 수많은 스님들과

초처럼 자신을 태워 세상을 밝히고 스스로 당신들의 몸을 살라 세상을 향기롭게 만든 고마운 스승들에게 다시 한 번 고개를 숙였다.

8

작은 극락을
일구는 노력

언제까지나 지나간 일들만 떠올리고 있을 수는 없었다. 봉녕사에는 아직도 해야 할 일이 수없이 많았다.

강원은 언제나 아침 여섯 시 반이면 시작되었다.

묘엄도 빠짐없이 한두 과목 수업을 맡았다.

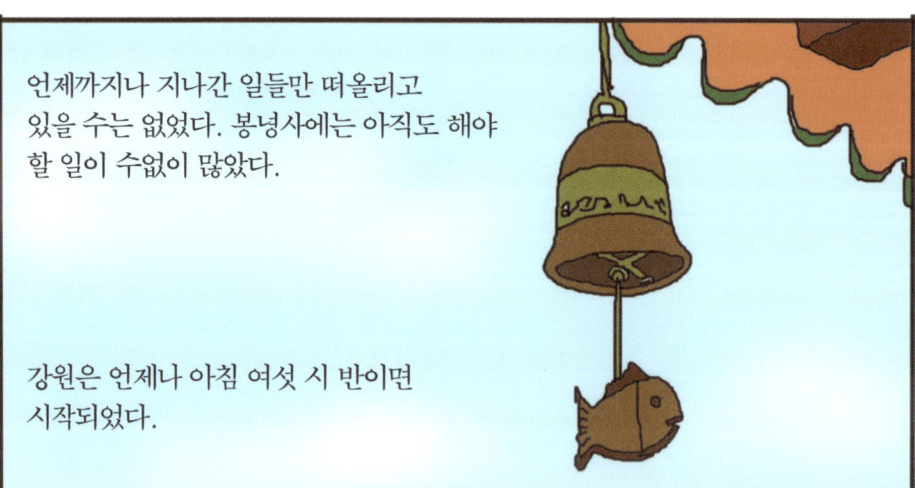

독특하고 세련된 도서관인 소요삼장은 경, 율, 론 삼장의 바다를 자유롭게 노닐라는 뜻으로 묘엄이 직접 이름을 지었다.

1994년 일주문을 세울 때는 경북 영천 팔공산 백흥암의 육문 스님이 목재를 제공해주었다.

지성이면 감천이라던가. 묘엄이 서원을 세우면 무슨 일이든 반드시 이루어졌다.

비가 내리면 천막을 뒤집어쓰고 있어야 했던 종무소와 주지실을 헐어 향하당을 지었고

불사를 하다 쓰러지는 한이 있더라도 진리의 부처님인 비로자나 본존 부처님을 모실 큰 법당을 세우기로 서원을 세웠다.

마침내 108평 규모의 대적광전을 착공했지만 건축비가 모두 준비된 것도, 건축비를 시주 받은 것도 아니었다.

묘엄은 엄청난 비용이 들어가는 대불사 앞에 놓인 수많은 어려움에 걱정도 있었지만, 처음 봉녕사에 왔을 때 자신의 빈손을 떠올렸다.

'예로부터 스님들이 언제 돈 가지고 불사를 일으켜 세웠던가? 호의호식하려 출가를 한 것도 아니고 따뜻하게 잠을 자려고 절을 짓는 것이 아니잖은가?' 하는 생각으로 마음을 굳게 잡았다.

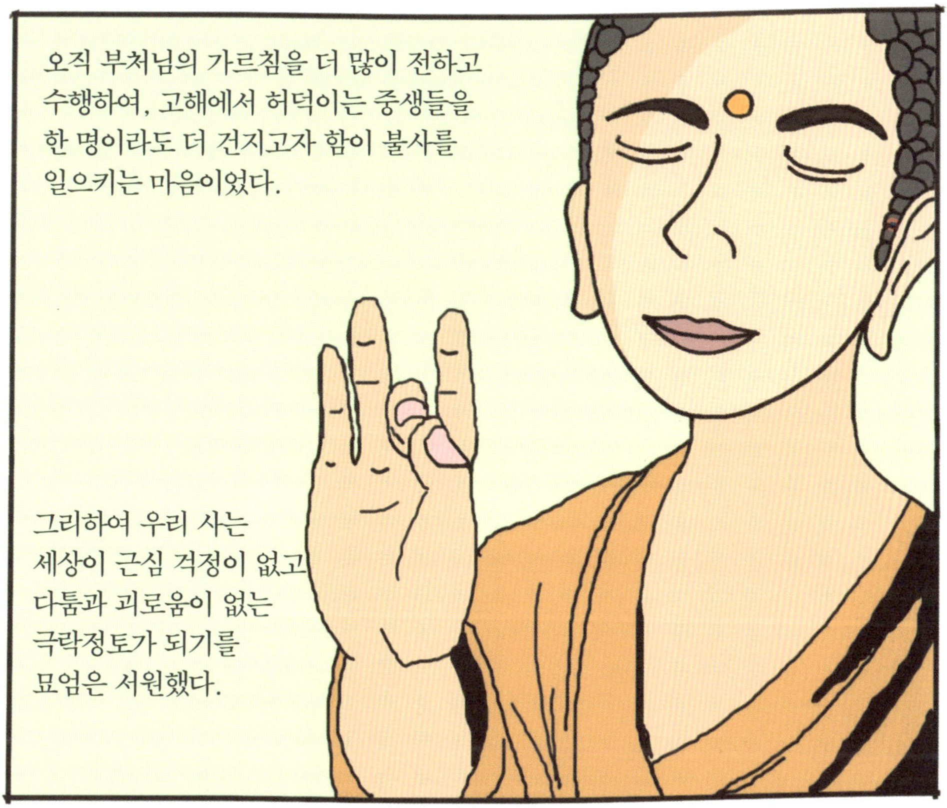

오직 부처님의 가르침을 더 많이 전하고 수행하여, 고해에서 허덕이는 중생들을 한 명이라도 더 건지고자 함이 불사를 일으키는 마음이었다.

그리하여 우리 사는 세상이 근심 걱정이 없고 다툼과 괴로움이 없는 극락정토가 되기를 묘엄은 서원했다.

지극한 정성으로 기도하고 또 기도했다.

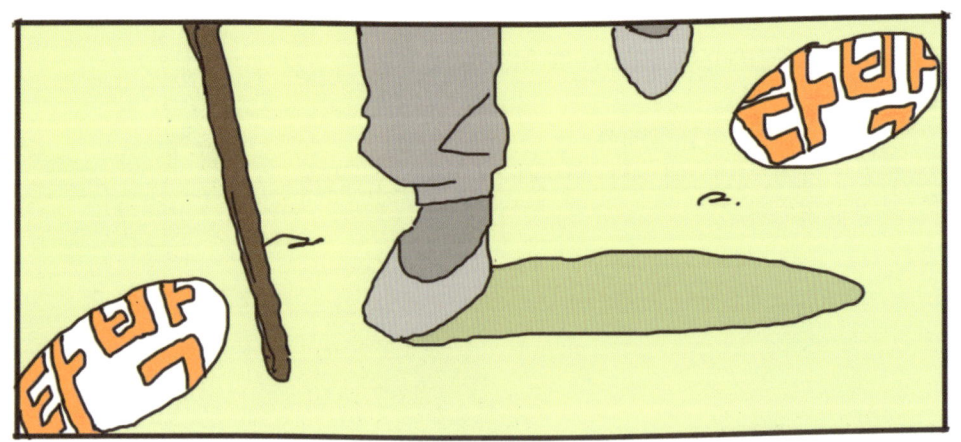

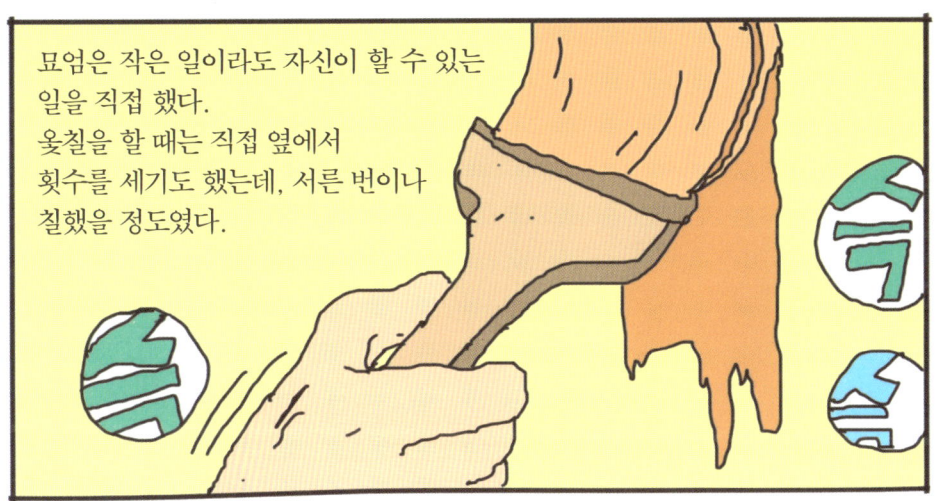

묘엄은 작은 일이라도 자신이 할 수 있는 일을 직접 했다.
옻칠을 할 때는 직접 옆에서 횟수를 세기도 했는데, 서른 번이나 칠했을 정도였다.

안 더우세요. 스님? 그만 살펴보셔도……

덥고 습한 날씨에 옻이 잘 오르지. 옻칠이 두꺼워야 빛깔도 고와지는 거야.

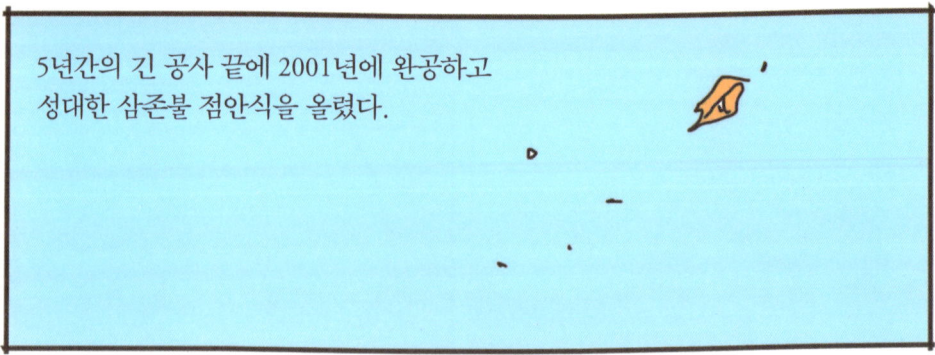

대적광전 앞에 서면 천 년을 지켜온 향나무가 보이고
봉녕사 경내가 한눈에 들어왔다.

대적광전 외벽과 내벽에는 80권 『화엄경』의 주된 가르침을 그려 넣었다.

그렇지. 그래.

도량에서 머물고 수행하는 비구니 수행자들에게는 도량이 삶의 터전이다.

봉녕사에 알맞은 나무를 심어야겠어.

경내에는 성자의 나무라 불리는 회화나무를 심었다.

대중들이 머무는 공간인
육화당 앞에는
이팝나무를 심었다.

새하얀 꽃이 피는 이팝나무에는 학인과 불자들이
배고프지 않고 넉넉하게 지내기를 바라는
마음에서였다.

9

부처의 마음을 담은 사찰 음식과 비구니 율사의 길

승가대학 초창기 학인들은 먹을 것이 넉넉하진 않았지만 뜨거운 공부의 열정으로 그 시절을 지냈다.

하지만 묘엄은 배부르게 먹지 못하는 학인들이 늘 안타까웠다.

그래서 시장에 나가 버려진 시래기를 주워 국을 끓여 학인들의 공양으로 내놓기도 했다.
한 공간에서 정진하는 수행자들에게 함께 음식을 해먹는 것보다 더 우정을 두텁게 하는 일은 없었다.

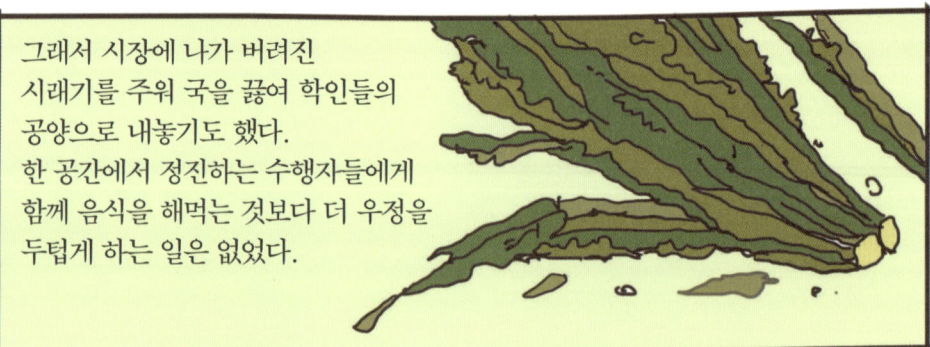

그뿐만 아니라 음식을 만들어 먹음으로써 건강한 재료를 생각하게 되고, 환경까지 살피게 된다.

또한 음식을 자신의 발우에 담음으로써 음식에 대한 욕심을 스스로 헤아릴 수 있다. 그래서 묘엄은 학인들이 공양할 사찰음식에 대해 많은 관심을 갖고 연구했다.

묘엄은 사찰음식이 부처님 가르침을 전하는 데에 가장 따뜻한 방편이 된다는 것을 일찍부터 깨달았다.

그리하여 사찰음식을 봉녕사에서 포교의 방편으로 정착시키고, 메뉴와 레시피를 개발하고 보급하는 데 앞장섰다.

다시 말하면, 사찰음식은 단순히 맛있는 음식물을 섭취하는 것으로 끝나는 것이 아니라, 생명과 환경의 관계를 살피고 자비심을 증장시켜 나가는 방편으로 삼아야 하는 것이지.

다른 생명과 더불어 사는 수행은 더 나은 생명으로 태어나는 복전이 되는 것이다.

예, 스님, 알겠습니다.

사찰음식이 훗날 현대인의 건강한 삶을 위한 대안으로 자리 잡을 수 있도록 부단한 노력을 기울였다.

수행식인 사찰음식을 '자연의 맛, 나눔의 마음'이라는 슬로건으로 2009년 처음 사찰음식 대향연을 개최하였다.

그 후 불교문화 전문연구자들이 주축이 되어, 한국전통문화와 관련된 불교문화를 보존, 계승하고 후진 양성과 연구활동에 매진하고자 '사단법인 세주문화원'을 설립하여 오늘에 이르고 있다.

강의실에 모인 사미니들의
초롱초롱한 눈빛을 보면

묘엄은 나이를 잊고
자신도 모르는 기운이
용솟음쳤다.

부처님의 가르침을
한 구절이라도 더 전하려는 마음으로
묘엄의 수업은 언제나 뜨거웠다.

보살은 친구나 원수를 가리지 않고
모든 걸 평등하게 봅니다.
그것은 항상 자비의 눈으로 중생들을
보기 때문이죠.

이렇게 금강당 보살님이 법문하셨듯, 우리가 부처님의 말씀을 배우고
행을 따르고 마음을 닦는 것은 바로 이 세상을 사는 모든
중생들을 위해서입니다.

여러 학인들이 봉녕사 승가대학에
들어와서 계, 정, 혜, 삼학을
배우고 지키고 닦는 것도
오직 중생을 구제하기 위해서입니다.

묘엄은 자운 스님의 계맥을 이은
현대한국불교사 최초의 비구니 율사였고
율장을 가르칠 수 있도록 자운 스님이
공식적으로 인가한 최초의 비구니 율사였다.

일제강점기 일제에 의해 청정 독신 수행승 전통이
사라졌으나 일제강점기를 벗어난 뒤
한국전쟁이 일어나 청정수행의 풍토를
가꾸는 데 역부족이었다.

1950년대 불교정화운동에는 비구보다 비구니가
더 많이 참여해 정화불사를 성공적으로 이끌었지만,
여전히 비구니에 대한 교육은 부족해서
계율을 설할 비구니 율사가 절대적으로
부족했던 상황이었다.

1982년 10월 자운 스님의 격려와 지원 아래 비구니도 비구니에게 계를 주는 이부승구족계 수계제도가 부활된 이후, 1999년 봉녕사에 비구니들에게 율장을 가르치기 위한 금강율원을 개원했다. 금강율원은 현대한국불교사에서 최초로 설립된 비구니 율원이었다.

비구니 율원의 개원은 두 가지 의미를 지닌다. 여성 수행자가 법답게 수행의 길을 걸어가기 위한 장치가 그 하나이고, 비구니 율맥이 지속적으로 이어지게 하려는 여성 수행자의 자부심이 또 하나였다.

묘엄은 학인들에게 일상생활에서 계율을 철저히 지키라는 것과 율장을 외부에서 억압적으로 강요하는 규제로 여기지 말고 자신의 내면 수행을 위한 지침으로 받아들여야 한다고 가르쳤다.

계율을 철저히 지켜야 하는 목적 중 하나는 번뇌와 산란한 마음을 제거하기 위해서이며

두 번째, 계율은 비구와 비구니의 일거수일투족을 통제하려는 것이 아니라 성불의 길로 자기 자신의 자등명 법등명임을 알게 하려는 것이었다.

묘엄은 교수 자격을 인정하는 제자들에게 임명장과 세 가지 증표를 수여했다.

세 가지 증표는 가사,『능엄경』, 부설 거사의 선시였다.

'설법하기를 구름이 일듯 비가 쏟아진 듯하여,
하늘에서 꽃비 내리고 돌이 부서지더라도,
깨치지 못한 지혜는 생사를 면치 못하나니,
생각해보니 이 또한 허망하고 덧없도다.'

깨달음에 대한 경책이 담겨 있는
부설 거사의 선시는 묘엄이 가장 좋아하는
선시 중 하나였다.

10

사라지지 않는 향기가 되어 남다

묘엄은
봉녕사 뜰을 지날 때면 싱그러운
바람 소리와 향기를 좋아했다.

1700여 년 전, 이 땅에 부처님의 가르침이
전해진 후 고려시대와 조선시대를 이어 오늘까지
전해오듯, 다가오는 새로운 천년만년에도
부처님의 자비와 지혜가 끝없이
이어져 내려갈 것이다.

그리고 봉녕사가
청정승가의 수행 요람이 될 것임을 확신했다.

여전히 부족함이 많지만 뛰어난 비구니 승려들이
이 자리를 키워나간다면 부처님의 자비와 광명이 밝게 퍼져
현세의 극락을 만들 것이다.

이 극락 하나는
열 개가 되고 백 개가
되어 언젠가는 온 세상이
극락이 될 것이다.

묘엄은 가만히 합장하며 여러 큰스님들의 지혜로운 행을 따라 다시 한 번 정진하리라 다짐했다.

묘엄 주위에서 일어난 잔잔한 바람이 천 년을 견디며 살아온 향나무를 한 바퀴 휘돌고 진한 향을 풍기며 지나갔다.

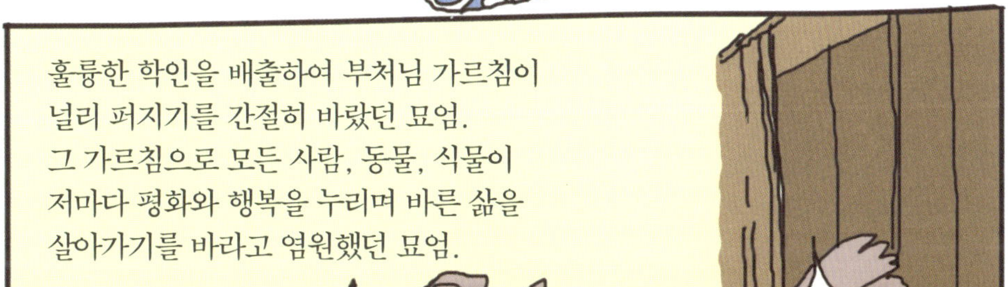

훌륭한 학인을 배출하여 부처님 가르침이
널리 퍼지기를 간절히 바랐던 묘엄.
그 가르침으로 모든 사람, 동물, 식물이
저마다 평화와 행복을 누리며 바른 삶을
살아가기를 바라고 염원했던 묘엄.

언제나 부처님과 함께이길 바랐던 묘엄은
2011년 12월 2일, 법랍 66년, 세속 나이 80세에
"마음공부는 상대적인 부처님을 뵙고 절대적인 나 자신을
찾는 것이다. 자기를 단속하여 인천의 사표 되고 생사에
자재하여 중생을 제도하라."는 유훈을 남기고
열반에 들었다.

그 유훈의 향기는
봉녕사를 아름다운 진리의 도량이 되도록 길이 남아 있다.

세주묘엄 스님 연보

1931	경남 진주에서 출생
1945	대승사 윤필암에서 월혜 스님을 은사로 득도,
	성철 스님을 계사로 사미니계 수지
1948	봉암사 결사에 동참,
	자운 스님을 계사로 식차마나니계 수지
1948~51	해인사 국일암, 봉암사, 묘관음사에서 수선안거
1949	봉암사에서 성철 스님에게 조사어록, 지리, 역사 등 수학
1951	통도사에서 자운 화상에게 사미니율의, 비구니계본, 범망경 등 수학
1953	동학사, 금수사, 통도사 등에서 운허 스님에게 수학
1956	동학사에서 사교과 수료, 경봉 스님으로부터 전강 받음
1957	통도사에서 대교과 수료, 운허 스님으로부터 전강 받음
	동학사에서 최초의 비구니 강사로서 학인을 가르침
1961	통도사에서 자운 스님을 계사로 비구니구족계 수지
1966	동국대학교 불교학과 졸업,
	청도 운문사 강원 최초 비구니 강주 취임
1974	봉녕사 강원 개원, 강주 취임
1977	봉녕사 주지 취임 및 강원장 겸임
1981	자운성우 스님으로부터 전계 받고 비구니 율맥을 이음
1981~2006	비구니구족계 수계산림 교수사, 갈마위원, 니갈마아사리, 니화상 등 역임
1987	봉녕사승가대학 학장 취임
1992	대한불교조계종 제10대 중앙종회의원 역임
	일연, 성학, 도혜, 대우, 일운 스님에게 제1회 전강 이후
	탁연, 적연, 상일, 본각, 벽공, 명선 스님에게 전강
1999	세계 최초의 비구니 율원인 금강율원 개원, 초대 율원장 취임
2002	자서전 『회색고무신』 출판
2007	단일계단 전계대화상 활산 성수스님으로부터 율주 임명
	독일 함부르크대학에서 개최한 국제회의에서 논문발표
	주강 50주년 기념 논총 봉행
	종단 사상 최초로 명사법계 품서 수지
	제1회 적연에게 전계 이후 대우, 의천, 일연, 도혜, 선나 스님에게 전계
2009~2011	비구니 전계화상
2011	1974년 봉녕사 승가대학을 개원한 이후 천여 명의 제자를 배출
	12월 2일 봉녕사 향하당에서 원적

만화로 읽는
한국불교의 큰 스승 묘엄 스님의 삶

연꽃 향기로 오신
묘엄 스님

2017년 12월 24일 초판 1쇄 발행

글·그림 배종훈 • 감수 이미령
기획 대한불교조계종 봉녕사
후원 묘엄불교문화재단

발행인 박상근(至弘) • 편집인 류지호 • 상무 이영철 • 편집 김선경, 양동민, 주성원
디자인 쿠담디자인 • 제작 김명환 • 전략기획 유권준, 김대현, 최창호, 양민호 • 관리 윤애경
펴낸 곳 불광출판사 03150 서울시 종로구 우정국로 45-13, 3층
   대표전화 02) 420-3200 편집부 02) 420-3300 팩시밀리 02) 420-3400
   출판등록 1979. 10. 10 (제300-2009-130호)

ISBN 978-89-7479-332-6 (04200)
ISBN 978-89-7479-330-2 (04200) (세트)

이 도서의 국립중앙도서관 출판예정도서목록(CIP)은
서지정보유통지원시스템 홈페이지(http://seoji.nl.go.kr)와
국가자료공동목록시스템(http://www.nl.go.kr/kolisnet)에서 이용하실 수 있습니다.
(CIP제어번호:2016028200)

책값은 뒤표지에 있습니다.
잘못된 책은 구입하신 서점에서 바꾸어 드립니다.
이 책에 실린 그림과 글의 무단 전재와 무단 복제를 금합니다.

독자의 의견을 기다립니다. www.bulkwang.co.kr
불광출판사는 (주)불광미디어의 단행본 브랜드입니다.